HEYNE
BÜCHER

D1735670

ESOTERISCHES
WISSEN

Unserer Mutter Erde,
die so oft die Kinder,
die wir sind, getragen und ernährt hat.

Anne und Daniel Meurois-Givaudan

Die neun Schritte ins Leben

Der Initiationsweg zur Geburt

Aus dem Französischen von Peter Schmidt

WILHELM HEYNE VERLAG
MÜNCHEN

HEYNE ESOTERISCHES WISSEN
Herausgegeben von Michael Görden
13/9735

Titel der Originalausgabe:
Les Neuf Marches. Histoire de naître et de renaître
Éditions Arista, Plazac-Rouffignac

Ungekürzte Taschenbuchausgabe
im Wilhelm Heyne Verlag GmbH & Co. KG, München
Copyright © der Originalausgabe 1991 by Éditions Arista,
Plazac-Rouffignac
Copyright © der deutschsprachigen Ausgabe 1993
by Heinrich Hugendubel Verlag, München
Alle Rechte vorbehalten
Printed in Germany 1998
Umschlaggestaltung: Atelier Adolf Bachmann, Reischach
Umschlagillustration: David Rickerd, The Image Bank, München
Technische Betreuung: Sibylle Hartl
Satz: ew print & medien service gmbh, Würzburg
Druck und Bindung: Ebner Ulm

ISBN 3-453-13020-0

INHALT

Ein paar Gedanken zum Anfang...

Es wurde schon so viel über die Geburt und das Mysterium der Inkarnation geschrieben. Ganze Bücher sind voll davon. Es konnte auch deswegen keineswegs unser Ziel sein, nun auch noch unseren persönlichen Beitrag zu dieser eindrucksvollen Menge an psychologischen, religiösen oder biologischen Abhandlungen zu leisten.

Dieses Buch ist nichts anderes als der Bericht einer Erfahrung, die man nur mit dem Epitheton »seltsam« beschreiben kann... Eine Erfahrung, die wir keineswegs gesucht haben, sondern die sich uns ganz spontan angeboten hat und die wir dann ganz genau, Tag für Tag, Woche für Woche und Monat für Monat, aufgezeichnet haben.

Unsere natürliche Gabe, unseren Körper zu verlassen, hat uns ermöglicht, »Welten des jenseitigen Lebens« sowie einige andere, noch subtilere Welten zu erkunden.

Aber noch nie hatten wir zuvor die Möglichkeit, eine Reise im »umgekehrten« Sinne zu machen, d. h. eine Reise aus den Lichtwelten in die Erdenwelt.

Klar formuliert bedeutet dies folgendes: Wir wurden ersucht, Schritt für Schritt dem Weg eines Wesens bis zu seiner Inkarnation zu folgen.

Was geschieht genau, wenn eine Seele einen materiellen Körper annimmt und den Leib einer Mutter dazu auswählt? Welche Evolutionsphasen durchläuft ein solches Wesen? Wie verändert sich seine Psyche? Was geschieht auf der Ebene seines Fötus, ohne daß die physischen Augen dies wahrnehmen können?

Eine ganze Menge Fragen, die im Laufe der neun Monate, die zum Verfassen dieses Buches notwendig waren, angeschnitten werden.

Wir müssen auch gleich eingangs feststellen, daß wir diese zur Inkarnation bereite Seele nicht etwa ausgewählt haben. Sie hat sich uns vielmehr angeboten, so als habe ein Lichtwillen sie dazu »beauftragt«. Vielleicht werden wir ihr auch in Wirklichkeit nie begegnen.

Es handelt sich bei dieser Seele keineswegs um ein außergewöhnliches Wesen, das etwa auf die Welt kam, um seiner Zeit sein Siegel aufzudrücken. Denn dann wäre das Spiel von Anfang an falsch. Es ist natürlich auch keine Seele, die noch tief in den Fallen der Diesseitigkeit verstrickt ist. Nach ihren eigenen Worten ist sie nur ein Tropfen unter tausend andern, die alle verstanden haben, daß »die wahre Stärke und die Wurzel jeder Wahrheit im Herzen liegt«. Ihr Ziel ist Dienen.

Die Information, die sie uns während der Schwangerschaft ihrer Mutter über ihre eigene Verwandlung vom Embryo zum Fötus zukommen ließ, sind also keineswegs die Lehren eines Weisen. Ihr Wert liegt irgendwo ganz anders. Wir möchten ihn schlicht als »menschlich« bezeichnen, und zwar im edlen und bereichernden Sinne des Wortes. Denn gerade auf der menschlichen Ebene hat uns diese Erfahrung berührt, uns, die Zeugen und manchmal auch aktiven Teilnehmer an ihrem Abenteuer.

Denn in der Tat ist es ein Abenteuer, auf dieser Erde bewußt geboren oder wiedergeboren zu werden.

Auch wenn dieses Buch auf einige metaphysische Fragen eingeht wie z. B. die Reinkarnation, so ist es doch — aber dies haben Sie, lieber Leser, sicherlich schon gemerkt — weder eine esoterische Abhandlung noch ein Bericht im Sinne des »New Age«.

Dieses Buch möchte eine Reportage sein, frei von jeder Künstlichkeit, aber voll von jenem Licht, das zur Achtung vor dem Leben und zum Bewußtsein jenes Glückes führt, das mit diesem Leben verbunden ist. Dieses Licht haben wir zu erkennen und so treu wie möglich wiederzugeben versucht.

Sollten die folgenden Seiten dazu beitragen, etwas mehr Liebe, etwas mehr Zärtlichkeit und etwas mehr Freude in dieser Welt zu verbreiten, dann haben wir den richtigen Ton getroffen...

Anne und Daniel Meurois-Givaudan

VORWORT

Sofort hat uns die tiefe Unendlichkeit ihrer Augen angezogen... Ein fast verblüfft wirkender Blick, eine Mischung aus Glück, Freude und Nostalgie, dem man nicht
widerstehen kann. Dieser Mandelblick gehört zu einer
jungen, brünetten Frau, die uns gegenüber zögert wie
eine Seiltänzerin vor ihrem ersten Schritt.

»Man hat mir von euch erzählt...«, flüsterte sie
zunächst. Aber dann wurde sie ein wenig sicherer: »Ich
hätte nie gedacht, daß dies sich so abspielen würde...
Als sie mir sagten: ›Du wirst wieder auf die Erde zurückkehren, und es wäre nicht schlecht, während der neun
Monate der Schwangerschaft mit einem Paar zusammenzuarbeiten‹, dachte ich zunächst an einen Scherz. Aber
nein, es war wirklich ihr Ernst... und jetzt sehe ich
euch, jetzt seid ihr da...«

Sie hielt in ihrem Satz inne, und ein Schweigen legte
sich über uns, sozusagen eine andere Form von Ver-
ständigung, mit der man noch mehr ausdrücken
kann...

Erst jetzt sehen wir deutlich, was geschieht und wo
wir sind. Seit unser Bewußtsein unseren Körper vor wenigen Augenblicken verlassen hat, geht alles sehr schnell.

Wir mußten nur den Lichttunnel durcheilen, der wie eine Schleuse in und außerhalb von uns ist, und schon sind wir in diesem hohen weißen Raum, der an den Frühling erinnert. Seine Lichtmauern erwecken in uns den Eindruck, uns in einer Kugel zu befinden oder in etwas, das zwischen zwei Welten hängt. Und doch ist alles ganz konkret; die paar Schritte, die wir machen, um noch tiefer in diese Ruhe einzudringen, hallen auf den Platten wider. Um ehrlich zu sein – wir suchen nach Worten und auch nach der jungen Frau.

»Siehst du«, meint einer von uns, ». . . im Grunde war dies alles doch eine sehr ernste Sache!«

Erneut begegnen sich unsere Blicke, halten einander fest wie ein ganz spontanes Lächeln, das einen nicht mehr losläßt. Irgend etwas ist ganz tief in uns vorgegangen . . ., eine Art von magischem Auslöser, nach dem man sich dann plötzlich wunderbar wohl zusammen fühlt, ohne eigentlich richtig zu wissen, warum. Wir lachten alle drei aus vollem Herzen wie alte Komplizen, die sich einen Witz erzählen, den nur sie verstehen können.

In der Tat wissen wir nun, daß die Verbindung hergestellt ist und daß die eigentliche Arbeit jetzt beginnen kann. Worin besteht diese Aufgabe? Seien wir ehrlich – irgendwie ist sie schon ein bißchen irre . . . wenn auch nur auf den ersten Blick! Es handelt sich nämlich darum, dieser jungen Frau zu folgen, oder richtiger ihrer Seele Schritt für Schritt zu folgen, und mit ihr während der neun Monate in Verbindung zu bleiben, die ihre Mutter, die irgendwo auf dieser Erde lebt, benötigt, um ihr eine

Körperform zu geben. Oder anders ausgedrückt, wir wollen ihrem Wesen während seines Inkarnationsprozesses wie einem Ariadnefaden folgen. Nur fragen wir uns, ob an dieser Stelle der Begriff »Arbeit« richtig gewählt ist. Es ist eher so etwas wie eine Art Zusammenarbeit, wie ein Teilhaben, das für alle, die einem Wesen Leben schenken wollen, eine Quelle an Liebe und an echter Inspiration sein kann.

Teilhaben ist genau der richtige Begriff. Ganz sicher hat die junge Frau in uns dieses Wort vernommen, denn sie kommt nun auf uns zu, und wir nehmen sie in unsere Arme.

»Gut«, meint sie, »wenn dem so ist, warum nicht! Gehen wir also ein Stück des Wegs zusammen, wenn ihr immer noch wollt. Aus reinem Vergnügen..., aus reiner Freude, mehr über das wahre Wesen des Lebens zu berichten!«

Wie hätten wir da auch nur eine Sekunde zögern können? Begeistert stimmen wir zu, und schon zieht sie uns in Richtung des anderen Endes dieses Raumes, der sich endlos hinzuziehen scheint und schließlich in eine Art Flur übergeht.

»Diesen Raum hat meine Seele geschaffen«, meint sie mit sanfter Stimme. »Ihr seid in der Sphäre meiner Seele und meines Denkens. Dies ist eines der Dinge, deren Schöpfung man mich gelehrt hat; und so entstehen viele Dinge hier.«

»Was hat man dir denn beigebracht?«

»Da, schaut einmal... da kommen diejenigen, die mir bestimmte Dinge beigebracht haben..., und daneben gab es noch einige andere. Ich wünschte, daß ihr sie einmal aus der Nähe seht, denn nun weiß ich auch, daß ihr mich besser verstehen könnt.«

In der friedlichen Helligkeit des Flurs tauchen die Umrisse zweier Wesen auf, offenbar ein Mann und eine Frau. Sie erscheinen sofort wie gute Freunde, denn ihre Anwesenheit ist für uns so natürlich und so selbstverständlich; wir haben den Eindruck, daß diese beiden Wesen schon immer da waren und vor allem, daß sie bestens über unser Vorhaben informiert sind . . .

Und doch spiegeln ihre Gesichter nicht dieses unerfaßbare Wissen engelhafter Kreaturen wider, wie sie der Volksglaube gerne sieht. Sie sind im Gegenteil ganz konkret, ganz menschlich, nur umgibt sie ein Hauch von ewiger Jugend und innerem Licht, das nur die Seele aussenden kann.

»Sie sind so etwas wie meine Familie . . .«

Froh und voller Kraft wirken diese Worte auf uns, prickelnd wie ein Glas Champagner, das man sich an einem Festtag gönnt.

»Sie sind meine Meister«, erklärt unsere neue Freundin. »Ich nenne sie Meister oder geistige Führer, denn sie haben mir erzählt, daß man sie auf der Erde so nennt. Für mich sind sie aber eher meine Freunde oder auch meine Lehrer! Seit ich unter ihnen weile, habe ich das sichere Gefühl, sie schon seit langem zu kennen . . . Sie haben mir geholfen, alles über diese Welt zu erfahren, oder sie haben zumindest alles in Bewegung gesetzt, damit ich mich an alles erinnere.«

»Waren sie es auch, die dir sagten, daß du wieder auf

die Erde zurückkehren sollst?« wagen wir zu fragen, während die beiden Wesen sich uns langsam nähern.

»Ja... aber dies spürte ich auch selbst. Es gibt irgendeine mir unbekannte Kraft, die mich dorthin zurückzieht. Es ist ganz seltsam: Ich verspüre gleichzeitig eine unglaubliche Anziehung, aber auch Furcht und dann wieder so etwas wie Pflicht. Etwas, das ich nicht umgehen kann... Also habe ich ›Ja‹ gesagt, und dann haben meine Freunde mir gute Ratschläge gegeben.«

Ein diskretes und sympathisches Lachen erklingt aus der Richtung des Paares; wir drehen den Kopf und sehen sie drei Schritte vor uns, so nah, als wollten sie unserem Gespräch folgen.

Offensichtlich gerührt fährt die junge Frau fort: »Ich erinnere mich noch ganz genau an den Augenblick, an dem ich spürte, daß ich früher oder später wieder auf die Erde hinabsteigen muß. Für mich war dies ein regelrechter Schock, und ich war noch lange in Gedanken versunken... wie ein Kind, das zum ersten Mal mit dem Tod konfrontiert wird.«

»Du hattest also von Reinkarnation gar keine Ahnung?«

»Nein! Ich habe erst hier erfahren, daß es so etwas gibt. Ich war so oft dabei, als Wesen hier ankamen und auch wieder weggingen... da kann man nicht anders als daran glauben! Und dann ist dies alles auch so wunderbar logisch... nur war die Auffassung von der Reinkarnation irgendwo im hintersten Winkel meines Intellekts verborgen, vergleichbar einer Wahrheit, die nur andere betrifft.

Und beim Tod ist es ja wohl ähnlich, oder? Aber stellt euch vor, ich habe im Augenblick ebenfalls ein bißchen den Eindruck zu sterben ... denn nun bin ich an der Reihe, mich zu inkarnieren. Ich muß also meine innere Bequemlichkeit aufgeben, und vor allem all meine Freunde hier.«

»Aber vor wenigen Augenblicken hatten wir noch den Eindruck, daß du eigentlich ganz glücklich darüber bist...?«

»Ja, ich bin auch sehr glücklich darüber! Nur sind damit auch seltsame Dinge in mir erwacht... undeutliche Erinnerungen, Wunschvorstellungen, die ich schon längst verlorengegangen glaubte. Und gerade sie sind es jetzt, die mich zwingen, wieder auf die Erde hinabzusteigen; ich spürte, daß mein Wille dabei keine Rolle mehr spielt, denn es gibt Dinge in meinem Wesen, die wie Schalen sind, die noch nicht gefüllt wurden ... oder zu wenig.«

»Oder vielleicht hast du sie auch ausgeschüttet!«

Ganz unerwartet, aber liebenswürdig kommt dieser Satz über die Lippen eines der beiden Wesen, die ganz in unserer Nähe stehen.

»Vor allem mußt du bereit sein, Rebekka, von diesen Dingen in allen Einzelheiten zu sprechen. Du weißt, was du uns versprochen hast, und dies darfst du niemals vergessen!«

Rebekka, deren Namen wir nun zum ersten Mal hören, wirft uns einen zärtlichen und doch bestimmten Blick zu.

»Habt keine Angst, ich werde mein Versprechen schon

einhalten... nicht nur, weil es sich um ein Versprechen handelt, sondern weil ich letztlich auch verstanden habe, daß die Erde mehr denn je Liebe braucht... und daß die Menschen mehr denn je verstehen müssen!

Ich finde, es wird höchste Zeit, daß man dort endlich erkennt, was Leben bedeutet, woher es kommt, wohin es geht... denn nur so kann man es ein bißchen mehr lieben, wirklich nur ein bißchen mehr!

Aus diesem Grunde war ich auch damit einverstanden, alle Winkel meiner Seele zu offenbaren. Ich möchte, daß diese neun Monate, die ich im Leib einer Mutter verbringe, wie ein Händereichen sei zwischen dem Licht und... einem anderen Licht. Ich möchte, daß diese Zeit wie eine Lehre sei, allerdings eine Lehre ohne Meister, ohne Dogma, ohne das geringste Zeichen von Begrenztheit. Gleichzeitig sanft und stark soll sie sein; um Wesentliches zu erfassen, sollten ein Hineinblicken und ein Hineinhorchen in sich selbst genügen.«

»Ich denke, daß wir uns auch in dieser Beziehung verstehen, Rebekka«, flüstert einer von uns. »Wir müssen den Menschen von heute ganz einfach das Tagebuch deiner Rückkehr auf die Erde zeigen, diesen Film voller Licht mit seinen Freuden und auch vielleicht mit seinen Zweifeln; und dies alles ausgedrückt in deiner Sprache, die nichts zu tun hat mit Philosophie, mit esoterischer Sprache und die im Grunde auch nichts beweisen will... Wir haben ja nichts zu verteidigen, denn dies alles gehört uns ja nicht!«

Es war, als wäre die Helligkeit um uns noch viel heller, noch viel leuchtender geworden, so als ob die Freude über diese Zusammenarbeit und die damit verbundene Hoffnung diesen Seelenort neu belebt hätten ... Tief in unserem Innern wußten wir, daß dies auch in der Tat so war. Das Licht des Herzens ist so mächtig, daß es alle unsere Häuser mit seiner Helligkeit erfüllt, auch die, in denen wir nur einen Tag oder nur einen Augenblick verweilen.

»Nennt mich nicht mehr Rebekka«, meint plötzlich die junge Frau, während sie sich mit beiden Händen über das Gesicht fährt. »Ihr müßt verstehen ... ich bin bereits nicht mehr Rebekka ... ich darf sie nicht mehr sein. Ich bin ... ich weiß nicht wer ... aber ich will, daß alles gut ist, daß es noch besser ist ... Ich möchte nicht einfach reinkarniert, sondern richtig wiedergeboren werden ... Versteht ihr den Unterschied?«

»Ja, den Unterschied verstehen wir sehr wohl«, möchten wir mit einem Lächeln antworten. Ja, auch wir verstehen ihn und wir spüren, daß deine Seele ›Ja‹ gesagt hat zu diesem Vorhaben, hat sie doch die Zärtlichkeit und die Begeisterung derer, die etwas schaffen, die etwas wiederaufbauen wollen ...

Und all denen, die das Leben wirklich lieben, all diesen wahren Eltern des Lebens möchten wir dieses Buch widmen.

KAPITEL I

Oktober

»Wo steckst du eigentlich? Kannst du uns hören?«

Diese Fragen entweichen unwillkürlich unserem Bewußtsein, und wir haben die stille Hoffnung, daß sie wie Wellen das Ufer erreichen, das sie bereits erwartet.

Vor wenigen Minuten erst haben wir unsere Körperhüllen verlassen und folgen unserem Vertrauen als einzigem Richtungsweiser. Aber trotzdem sind wir da, stehen wie Wächter in dieser Seelenwelt, wo Gedanken Form annehmen und dann wie unglaubliche Nachen dahingleiten.

Unsere eigenen Körper sind nun vergessen, und langsam versuchen wir, das Bild des Wesens in uns aufsteigen zu lassen, das früher einmal Rebekka hieß, um es so voll und ganz in uns zu integrieren.

Nach und nach erreichen uns seine Gesichtszüge und füllen unseren inneren Bildschirm. Und jetzt... das Puzzle hat sich zu einer Einheit zusammengesetzt, und seine friedlichen Umrisse sind fest in uns verankert... jetzt ist alles möglich.

Eine unwiderstehliche Kraft zieht uns nach hinten in eine totale Stille. Sie versenkt uns in die Unendlichkeit lebendiger Einsamkeit; wir haben das Gefühl, uns irgendwohin zu projizieren, weit über die Schaumkronen eines Meers, weit über die Ebenen, weit über die Neonstädte, weit über die ausgedörrten Flächen ... Alles fliegt an uns vorbei wie ein Blitz, und dann, ganz plötzlich, steht alles still, so, als habe ein magisches Bremsen die Seele genau da zum Halten gebracht, wo sie schon immer sein wollte, und nirgendwo anders ...

Wir sind in einer Stadt, einer großen Stadt ... Der Blick unserer Seele scheint sich nun einige Meter über dem Boden zu bewegen und ist überwältigt von dem ununterbrochenen Strom riesiger Autos und von dem leuchtenden Widerschein der Schaufenster. Wir sind sicher, uns auf dem nordamerikanischen Kontinent zu befinden. Ein paar Palmen, ein wenig verloren zwischen den übrigen Baumgruppen, spenden uns einen Hauch frischer Luft und einen warmen Sonnenstrahl, eine wahre Erquickung in diesem heillosen Durcheinander.

Hier sind wir nicht mehr als ein Blick, der beobachtet und der durch diese breiten, schnurgeraden Straßen gleitet. Auf den Bürgersteigen hastet eine bunt gemischte Menge vorbei, die nichts von unserem Dasein ahnt. Und so vergehen einige Augenblicke, wahre Meister im Nicht-Wollen und in vertrauensvoller Hingabe.

Und dann, ganz plötzlich, klammern sich unser Blick und unser Herz an zwei Frauen inmitten dieser bunten Menge; ganz gemächlich kommen sie die Freitreppe eines eindrucksvollen Gebäudes herunter. Offenbar handelt es sich um Mutter und Tochter. Für beide ein Augenblick voller Frieden. Der Lichtschein, der ihre Körper umhüllt, ist anders als der der Passanten − ein untrügliches Zeichen. Man erkennt darin das Glück und bekommt Antwort auf unzählige Fragen, die wie kleine Seifenblasen auftauchen und dann wieder zerplatzen.

»Das ist meine Mutter... die jüngste der beiden... kein Zweifel!«

Eine freudig erregte Stimme ertönt in uns oder ganz nah bei uns; ohne zu überlegen drehen wir uns um, so, als hätte man uns mitten in einem Film gestört. Ein leichtes Rauschen, als ob jemand da wäre, das Knistern einiger bläulicher Funken, und dann nichts mehr... außer der unbedingten Gewißheit, daß *sie* da ist, daß unsere Seelen sich fast gefunden haben und sich bald gegenüberstehen werden.

»Rebekka?«

Erneut spüren wir, wie wir nach hinten gezogen werden, dann wieder nach vorne geschleudert, in die Höhe, in einen Wirbel aus kühlem und milchigem Licht. Die Gebäude mit ihren Glasverspiegelungen und die Karosserien mit ihrem glänzenden Chrom sind verschwunden. Und ganz nah bei uns, so als sei es fast mit uns verschmolzen, taucht nun das ein wenig durchscheinende Gesicht unter dichten, brünetten Haaren des Wesens auf, das wir suchen.

Wo sind wir? Im Grunde nirgends... oder im Meer des Lebens... an einem Seelenort, in einem dieser Übergangsräume, die die Seele schafft, sobald sie ihre Metamorphose beginnt.

Schön, sagen wir zu uns selbst, nun sind wir also in *ihrer* Welt, in der Welt, die sie geschaffen hat wie ein von ihrem Bewußtsein projiziertes Hologramm, das nun irgendwie zwischen zwei Welten, zwischen zwei Wellenlängen lebt.

Wir versuchen, so gut es geht, die Ereignisse zu verstehen. Wir wissen bereits, daß wir vergleichbar sind mit den sich ihrer selbst bewußten Bildern, die den Kanal einer Fernsehsendung, den der Erde, verlassen haben, ohne aber vollkommen in einen anderen, nämlich den der nichtinkarnierten Seelen, zu fließen. Unwillkürlich bringt uns diese Idee zum Lächeln... wir hoffen nur, daß wir hier nicht als Störsender angesehen werden!

»Ja, ihr seid immer noch in meiner Welt«, murmelt unsere Freundin; ihr Gesicht hat mittlerweile seine normale Form angenommen, nimmt aber nicht mehr unser gesamtes Blickfeld in Anspruch. »Meine Welt... ist diese kleine Sphäre aus Seelenruhe und Leben, die sich jede Seele schafft, bevor sie zu euch, zur Erde zurückkehrt. Eine Art Schleuse, um den Übergang zu erleichtern. Für mich ist dies wie ein Kokon.«

»Wir verstehen dies alles sehr wohl, nur möchten wir wissen, was genau geschieht«, überlegt einer von uns beiden ganz laut, ist aber gleichzeitig ein wenig geniert, so schnell zur Sache zu kommen.

»Du brauchst dich nicht zu entschuldigen«, meint sie ganz spontan. »Wir sind da, um zusammenzuarbeiten... und ganz sicher wird auch eure Anwesenheit mir genauso helfen wie meine euch Information geben wird. Ich bin glücklich darüber... aber für mich ist dies eine Prüfung!«

Der Raum, wo wir uns zur Zeit befinden, erinnert an ein Wartezimmer, aseptisch, kahl und unpersönlich, wie man dies aus Krankenhäusern kennt. Und doch ist dieser Raum der gleiche wie derjenige, in dem wir Rebekka zum ersten Mal begegnet sind. Aber heute ist dieser Ort kalt. Irgend etwas sagt uns, daß so etwas wie Durchzug durch die Seele unserer Freundin weht.

»Bin ich aber dumm...«, sagt plötzlich Rebekka, als wolle sie sich sozusagen für die Verwirrung entschuldigen, die sie offensichtlich überkam... »Mir ist schon ein wenig kalt ums Herz... und dann noch dieser Lufthauch, den ich ins Zimmer bringe... ihr müßt wissen, daß ihr hier in einer Art von Atomen seid, die mein Denken geschaffen hat, die meine Vorstellungskraft zu einer Einheit verbindet und die mein Wille eng verbunden erhält. Deswegen kann ich euch auch nicht verbergen, was mich im Augenblick beschäftigt.

Ihr wart einverstanden, diese Reise mit mir, in meinem Haus, zu machen... also müssen wir auch mit den Unannehmlichkeiten leben!«

Die natürliche Fröhlichkeit unserer Begleiterin gewinnt wieder Oberhand, und sofort spricht die makellose Klarheit des Raumes ganz anders über ihre Schöpferin. Auf einer der Wände erscheint auf einmal das Bild eines Fensters. Seine Flügel stehen weit offen und lassen die Umrisse von blühenden Bäumen erscheinen, wie wir sie von den herrlichen Gemälden der Impressionisten her kennen.

»Ihr auf Erden macht es genauso wie ich, oder wie wir hier. Ihr merkt es nicht, aber ihr wohnt in euren Gedanken, ihr bewohnt sie, wie man ein Haus bewohnt, und sie bewohnen auch euch. Ich brauchte lange Zeit, um dies richtig zu verstehen, aber jetzt ist dies fest in mir verankert, und ich habe mir geschworen, diese Erinnerung mit auf die Erde zu nehmen!«

»Du willst also damit sagen, daß wir bei jedem Denkprozeß so etwas wie *Atome* produzieren, die eine echte Umgebung für uns schaffen, und daß die Qualität dieses Rahmens die unseres Lebens beeinflußt.«

»So ist es in der Tat... ich habe ausdrücklich von ›*Art von Atomen*‹ gesprochen, damit ihr versteht, daß es sich um ganz konkrete Dinge handelt. Meine Freunde, oder meine Meister, wenn euch das lieber ist, sprechen manchmal von Lebenselementen oder von Lebenskeimen; sie sind vergleichbar mit unabhängigen Zellen oder mit Backsteinen, aus denen jeder seine eigene Welt in allen Details bauen muß. Und als ich eines Tages sehen konnte, wie dies auf der Erde gehandhabt wurde, mußte ich feststellen, daß viele Menschen eigenartig enge, begrenzte Seelenlandschaften bauten, die zudem oft recht kompliziert und dunkel waren.

Wißt ihr eigentlich, daß ihr euch beim Träumen in diesen Rahmen projiziert?«

»Aber dieser leere Raum hier ist doch nicht etwa deine Welt? Brauchtest du unbedingt diesen ›Durchgangssaal‹, um wieder auf die Erde zurückgehen zu können?«

Nachdenklich setzt sich Rebekka auf den Boden. Zum ersten Mal nehmen wir ihre Kleider wahr. Aber, um ehrlich zu sein, sie sind nichts Außergewöhnliches: ein langer, dunkelroter Rock und eine Bluse mit eher weiten Ärmeln und um die Hüfte ein breiter Schnürgürtel.

»Nein, dies war nicht unbedingt notwendig«, meint

sie, »aber für mich ist dies eine Möglichkeit, unter das Gestern einen Schlußstrich zu ziehen. Viele meiner alten Gewohnheiten möchte ich loswerden. Und ich will auch keine Zeit verlieren ... denn es gibt ja so viele Dinge zu tun. Wenn man sich so eine ›kleine Kugel‹ wie diese hier baut, um sich zu inkarnieren, bestückt man sie normalerweise zur besseren Orientierung mit Anhaltspunkten unseres Herzens ...«

»Anhaltspunkten?«

»Ja, das kann eine Musik sein, oder ein Stückchen Land ... Ich habe sogar einmal jemanden hier gesehen, der einen großen Kupferkessel gewählt hatte; er polierte ständig an ihm herum und meinte, dies sei zu seinem Gleichgewicht notwendig. Gut, dies alles braucht man nur am Anfang; später verschwinden diese Dinge nach und nach, als habe ein Wind, der von der Erde her weht, sie aus der Erinnerung vertrieben. Ich habe sofort zu meinen Freunden gesagt, daß dies alles nichts für mich sei. Ich spürte, daß ich mal richtig aufräumen mußte. Ich hatte einfach Lust, diesmal ganz neu auf die Erde zurückzugehen; denn ihr müßt verstehen, daß all diese Dinge, die ich jetzt noch mit mir herumschleppe, mich wie ein ... Filigran auch in meinem neuen Leben begleiten werden.

Als man mir diese Arbeit mit euch vorschlug, ging ich schnellstens mit meinen Freunden daran, eine Menge Worte und Konzepte zum lernen, die es für mich bis zum diesem Zeitpunkt gar nicht gab. Viele Wesen kümmern sich leider überhaupt nicht um das, was sie erwartet, nachdem sie eine Körperform angenommen haben. Auch

Seelen schätzen ihren Komfort, und sie legen ihre alten Gewohnheiten und Bequemlichkeiten nicht ab, wenn sie, wie ihr so schön sagt, ›auf die andere Seite hinüberwechseln‹.

Und aus diesem Grund will ich auch keine Rebekka mehr sein, auch wenn diese nicht unglücklich auf der Erde war und auch wenn sie anschließend hier mit ihren Freunden ein echtes Glück kennenlernte! Ich gebe zu, daß ich ein wenig Angst vor Gewohnheiten habe, denn ich habe bei einigen meiner Gefährten gesehen, wie sehr solche Gewohnheiten das Bewußtsein einengen, sobald sie wieder in einem Land oder in einer anderen Welt leben.«

»Du sprichst von Ländern ... auf der Erde?«

»O nein! Ich meine damit ... da, wo ich vorher war, aber dies war ja auch noch ein bißchen Erde! Wißt ihr, man versteht dort eines Tages, daß es so etwas wie Länder für Seelen gibt; und nichts hindert uns daran, deren Grenzen zu überschreiten – außer unserem Mangel an Liebe und unserem fehlenden Willen, das Leben zu entdecken. Aber helft mir jetzt, wieder auf die Erde zurückzukommen ... All dies ist jetzt zu Ende!«

»Kannst du uns vielleicht erzählen, wie du erfahren hast, daß du wieder zu den Menschen zurückkehren mußt?«

Das Gesicht unserer Freundin überstrahlt ein heller Schein, so als erinnere sie sich an einen wunderschönen Augenblick. Wir sind ein wenig überrascht. Ist das Überstreifen dieses Kleides aus Fleisch und Blut ein so freudiges Ereignis?

»Ich weiß so gut wie nichts von dem Weg, der mich

erwartet... zumindest nicht genügend, um heute schon ein wahres Glücksgefühl zu empfinden. Aber ich versuche, mir diesen Weg vorzustellen, gepflastert mit den Versprechungen, die ich mir selbst gemacht habe. Ich habe mir manchmal gesagt, daß ich mal dies machen werde, mal jenes... Und als man mich dann gebeten hat, wieder auf die Erde zurückzukehren, überkam mich dieses tiefe Gefühl von Frieden. Hier oben lebte ich in einer Welt voller Obstgärten, und ich hatte mir ein Haus mit Strohdach geschaffen, genauso wie das, das ich früher in Europa bewohnt hatte. Es war wunderbar; ich habe dort so viele Dinge gesehen und gelernt! Und dann, vor nicht allzu langer Zeit, hatte ich eines Tages immer mehr Lust zu schlafen. Seit ewigen Zeiten hatte ich dieses Gefühl nicht mehr gekannt... Aber erst, als ich wirklich eingeschlafen war, verstand ich, daß irgend etwas in meiner Seele dabei war, sich zum verändern. Gleichzeitig hatte ich wieder ein Zeitgefühl, ich spürte wieder, wie die Zeit verstrich — auch diesen Eindruck hatte ich seit langem verloren. Wo ich zu leben gewählt hatte, gab es weder Tag noch Nacht, und plötzlich war dieses Gefühl der Schwere auf den Augenlidern wieder da... zunächst nur als Lust auf ein Mittagsschläfchen, dann aber als Verlangen nach tiefem Schlaf.

Und nach einer dieser Tiefschlafphasen erwachte ich mit ganz deutlichen Bildern im Gedächtnis..., so wie nach einem starken Traum. Gesichter waren es, immer wieder Gesichter, und dann Szenen aus einer Welt voll wilder Hektik... Ich verstand nichts davon, aber alles kam mir so furchtbar schwer vor!

Meine Freunde erklärten mir, daß ich von Seelen angezogen worden war, die mir sehr nahestanden, an deren Existenz ich mich allerdings nicht mehr erinnern konnte; ferner meinten sie, ich sei wie Eisenspäne, die in die Nähe eines Magneten geraten seien ...

Und dies meinten sie keineswegs im Spaß! Sie haben mir dann erklärt, daß eine Seele aus irgendeinem Grund ihrer selbstgeschaffenen Welt überdrüssig werden kann und daß sie dann in ihrem Körper die Dichte einer Materie – sie sprachen vom ›Geist des Eisens‹ – erhöht, was zur Folge hat, daß der Wachzustand schwieriger zu ertragen ist und auch das Bewußtsein an Klarheit verliert. Ihr müßt wissen, daß es wirklich so etwas wie eine Biologie des Seelenkörpers gibt. Dieser Körper ist keineswegs so eine Art Dampf wie man auf Erde gerne glaubt!«

Und unaufhörlich erzählt uns diese junge Frau, die früher Rebekka war, von ihren Schlafphasen, auch von der mangelnden Spannkraft, die über ihre Seele kam, ohne dabei offenbar zu bemerken, daß der Rahmen, in dem wir uns befanden, sich verändert hatte. Aber wer weiß, wie lange wir selbst brauchten, um dies zu bemerken ...

Wir wissen es nicht. Wir können nur feststellen, daß der große, weiße Raum sich aufgelöst hat und durch einen etwas kleineren Rahmen mit mehr goldbetonter Atmosphäre ersetzt wurde. Wir haben den Eindruck, in einem Einzimmerhaus mit rustikalen und schweren Möbeln zu sein. Ein offener Kamin nimmt fast eine ganze Wand ein; sein Feuer knistert behaglich und zaubert auf die Veloursvorhänge tanzende Lichter. Überall gibt es

Kerzenleuchter, aber das Licht selbst hat einen anderen Ursprung; es ist wie eine Schwingung in der Luft. Man kann sagen, daß diese Schwingung allein durch ihr Dasein den Rahmen dieses Raumes schafft.

»Übrigens habe ich hier, unter anderem, seit meiner Rückkehr von der Erde gelebt«, kommentiert plötzlich unsere Freundin in einem veränderten Ton. »Ihr könnt ruhig alles anschauen, alles ist echt! Zumindest genauso echt wie alles, was es bei euch ›Lebendigen‹ gibt! Auch die Erdenmenschen schaffen ihre Welt mit ihrer Ausstattung zunächst im Kopf. Und alle sind einverstanden, diese Welt auf ganz bestimmte Dinge zu beschränken. Hier oben kann das Denken beweglicher, mächtiger, freier sein — dies ist aber auch der einzige Unterschied...

Seht ihr dort die Bank vor dem Fenster? Dort war ich zum ersten Mal fest eingeschlafen, und als ich schließlich aufwachte, standen meine Freunde neben mir. Ein bleierner Schlaf ist wie ein Aufschrei der Seele, die sich nach Veränderung sehnt und vielleicht Hilfe braucht.

Nach jeder dieser Schlafphasen brachte ich aus der Tiefe meines Bewußtseins eine ganze Reihe von Gesichtern mit, und beim Erwachen stellte ›man‹ mir ganz automatisch die Frage, ob diese Gesichter in mir einen angenehmen Eindruck hinterließen. Meine Antwort war ein schnelles und kräftiges ›Ja‹, das ich wohl nicht ausgesprochen, sondern nur gedacht habe, denn dieses Element ›man‹, das mir Fragen stellte, war meiner Meinung nach nichts anderes als eine Emanation meines Geistes.

Eines Tages öffneten meine Freunde vor mir in dem

Obstgarten neben dem Haus einen sehr schönen Lichttunnel und nahmen mich dorthin mit. Ich weiß, daß meine Erklärung euch ein bißchen einfach erscheinen mag, aber einen solchen Tunnel zu öffnen ist genauso leicht wie das Hervorzaubern eines Bildes auf den flachen Bildschirmen, die ihr Fernseher nennt. Heute verstehe ich, daß nichts unmöglich ist, da die Materie und das Leben, das sie beseelt, bis ins Unendliche verändert und vervollkommnet werden können.

Ich habe ebenfalls verstanden, daß man in das Licht eindringen kann, um so Abstecher auf andere Wellenlängen und in das dortige Leben zum machen. Und genauso bin ich auch meinen Führern in diesen Lichttunnel gefolgt.

Sie zeigten mir an seinem äußersten Ende einen gelben Lichtschimmer, und sobald ich diesen wahrgenommen hatte, war ich schon mittendrin, umgeben von einem mir vollkommen unbekannten Rahmen. Ich weiß nur, daß es der Rahmen eines Hotelzimmers war und das Licht dem des anbrechenden Morgens ähnelte ... ein leicht bläuliches Sonnenlicht, das durch die halbzugezogenen Vorhänge fiel.

Ein junges Paar war in dem Zimmer; der Mann lag noch auf dem Bett, während die Frau sich gerade auf den Bettrand setzte. Mit Verwunderung nahm ich die vielen rosaroten Funken und die violetten Schimmer wahr, die um die beiden schwirrten. Ein sicheres Zeichen dafür, daß beide sich wirklich liebten ... Erst in diesem Augenblick ... wie soll ich euch das erklären? Erst jetzt konnte ich einen Blick auf ihr Gesicht werfen ... und dies war für mich so unerklärlich, so unheimlich stark! ... Ich hatte plötzlich das Verlangen, ihnen zuzurufen: »Ja, genau, ja, ihr seid's!« Ich kannte diese Gesichter aus meinen Träumen, Gesichter, zu denen ich Ja gesagt hatte, ohne zu wissen, wen sie wirklich darstellten. Und seit diesem Augenblick bin ich fest davon überzeugt, daß es bereits vor dieser Begegnung ein sehr enges Band zwischen ihnen und mir gab.

Darüber wollten meine Freunde mir allerdings nichts sagen. Sie wissen auf jeden Fall, was sie tun, und dies ist auch gut so! Sie haben mich nur auf eine Sache hingewiesen, die ich euch unbedingt wiederholen muß, denn sie betrifft alle Männer und Frauen, die sich lieben, und auch alle die, die noch nicht wissen, daß sie sich lieben.

›Rebekka‹, lehrten mich meine Freunde, ›wenn ein Paar sich liebt und ihre körperliche Vereinigung die Konzeption eines Kindes begründet, dann wissen der Mann und die Frau in der Regel nicht, daß ihre physische Vereinigung bereits lange vor diesem Akt außerhalb ihres Körpers vollzogen wurde ...‹

›Wie ist dies möglich?‹ wollte ich wissen.

›Ganz einfach. Du weißt, daß die Seelen während des Schlafes den Körper verlassen, um sich an selbst geschaffenen Orten zu treffen. Und dort lassen sie ihren Hoffnungen, Wünschen und Ängsten freien Lauf. Die Konzeption eines Kindes geschieht ganz genauso. Der Empfängnisakt findet zunächst im Seelenkörper statt, und zwar etwa drei Erdenmonate vor dem physischen Akt. Selbst wenn der Mann und die Frau sich noch nicht kennen, wissen die Seelen bereits, daß es zu einer Begegnung kommen wird ... ‹«

Unsere Freundin, die immer noch auf dem Boden sitzt, hebt ihre Augen in unsere Richtung als Zeichen der Einladung, es ihr gleichzutun: »Setzt euch doch! Wenn ihr wollt, können wir jetzt gemeinsam meine Eltern besuchen.«

Wir haben den Eindruck, als wolle sie mit aller Macht die in ihr aufsteigende Gefühlserregung niederkämpfen.

»Ich gebe zu, daß dies ein Schock für mich war ... Aber im Grunde weiß ich fast nichts über sie. Vielleicht hat mich auch die Tatsache, daß wir eng verbunden sind, so stark berührt. Ich möchte so sehr unabhängig bleiben! Denn eigentlich sind sie für mich ja nicht viel mehr als Fremde, die sich lieben! Übrigens bin ich ganz selten in ihrer Nähe. Ich gehe sie gerne besuchen, nur frage ich mich manchmal, ob dies nicht eher aus Neugierde als aus echtem Gefühl geschieht ...«

»Aber ist dies alles schon sehr lange her, Rebekka?«

»Keineswegs ... kaum mehr als drei Erdenwochen! Als ich sie in diesem Zimmer sah, wußte ich sofort, daß sie in Urlaub waren. Ich wollte ihnen ein wenig folgen und in ihrer Lichtumgebung bleiben, wo es so sanft und angenehm war ... und außerdem interessierte ich mich für alles, was sie sich anschauten. Aber für lange Zeit war dies nicht möglich, denn dann überkam mich plötzlich ein Schmerz, eine Art Übelkeit, und eine Kraft riß mich nach hinten ... hierher.«

»Sicherlich hängt dies auch mit einem Gefühl von Indiskretion zusammen!«

»Ich hatte nie ein solches Gefühl. Ich denke auch, daß alle, die wie ich wieder zur Erde zurückkehren, ein solches Gefühl der Erde gegenüber nicht kennen... zumindest diejenigen, die zu meiner Welt gehören. Wir haben alle an einer solchen Friedensquelle getrunken, daß wir schon seit sehr langem der tiefsten Überzeugung sind, alle eine große Einheit zu bilden. Dies ist nicht leicht zu erklären. Dies ist wie eine Art Gewißheit, die in unser Innerstes eingeprägt ist. Und dies, obwohl eine ganze Menge meiner hiesigen Freunde sich nicht im geringsten um so etwas wie Spiritualität kümmern. Ich glaube ganz einfach, daß ihr Herz sie diese Wahrheit leben und erleben ließ; diese Wahrheit hat sie im Grunde auch hier vereint... sogar mehr, als sie bei ihrer Ankunft glaubten.

Nein, nie habe ich so etwas wie Unbehagen verspürt, wenn ich in die Intimität meiner Eltern eindrang. Ich gehe jetzt oft zu ihnen, sogar fast jeden Tag, selbst wenn diese Besuche immer nur von kurzer Dauer sind wegen dieses Schmerzes. Besonders beeindruckt und gleichzeitig amüsiert bin ich von diesem unglaublichen Tanz um den Schoß meiner Mutter!«

»Welcher Tanz?«

»Wollt ihr mit mir kommen? Meine Freunde haben mir versichert, dies sei möglich, solange ihr in meinem Herzen seid. Eine ganz banale Geschichte ohne besondere Kenntnisse oder irgendwelche Formeln... nur Zuneigung, aber dies wißt ihr ja auch. Im Grunde nichts anderes als eine weitere Liebesgeschichte...!«

Instinktiv ergreifen wir Rebekkas Hände, als wollten

wir so für immer und ewig diese Freundschaft, dieses Teilhaben an dem neuen Weg einer Seele bestätigen.

Es ist angenehm in Rebekkas Licht der Seele. Ganz einfach ist sie, ohne falsche Tönung, ohne künstliche Wärme. Sie spricht wahr wie ein Schilfrohr, aus dem man das lebendigste und reinste Musikinstrument gemacht hat. Man müßte lernen, sich von ihr leiten zu lassen, sie aber auch manchmal ihrer Zerbrechlichkeit wegen zu schützen.

Fast unmerklich ist das kleine Haus mit den wuchtigen Möbeln und den dicken Vorhängen inmitten einer Lichtspirale verschwunden. Wir fühlen uns hier wohl, haben Vertrauen und machen uns alle drei auf den Weg. Welch ein sonderbarer Flur mit einer so dichten Materie! Mehr als je zuvor haben wir den Eindruck, durch eine Schleuse zu gehen. Alles vollzieht sich, fast ohne unser willentliches Zutun, in einer totalen Stille, und wir haben das Gefühl, als könne selbst ein Gedanke oder eine Frage die Schönheit dieses Augenblicks beeinträchtigen.

Hier sind wir zwischen zwei Welten, und das Universum verlangt einfach, kleinere Widerstände aufzugeben. Hier kommt Leben zu Leben, seine Vorder- und seine Rückseite bilden fast eine Einheit.

Plötzlich haben wir das Gefühl, als zerplatze etwas. Unter unseren Füßen, um uns herum, nichts mehr, nichts mehr als Licht und unsere Seelen ... Für ein paar Augenblicke überkommt uns ein Gefühl von Kälte ...

Ein kurzer Taumel ... und schon sind wir in einer neuen Umgebung. Ganz unbeabsichtigt schauen wir uns das Ganze zunächst aus der Höhe an. Es handelt sich um ein Haus oder um eine Wohnung, und nichts bleibt unseren Blicken verborgen. »Aber wo ist Rebekka?« denken wir plötzlich.

Seit unserem Abstecher an diesen Ort ist sie aus unserem Blickfeld verschwunden ... so, als sei sie nicht genau an ihrem Zielpunkt angekommen. Irgend etwas in uns sagt uns, daß unsere Astralkörper den blau tapezierten Gang entlanggleiten und dann ein Wohnzimmer mit einer riesigen Eckbank aus Velours durchqueren müssen ... Und dann ... entdecken wir ein Schlafzimmer, wo wir zunächst nicht einzutreten wagen, als sei es ein Heiligtum.

Eine junge Frau in Leinenhosen liegt ausgestreckt auf dem Bett; sie schläft halb vor einem leise laufenden Fernseher. Auch Rebekka ist da, sie macht einen fast andächtigen Eindruck. In Wirklichkeit sind wir wie drei Bewußtseinsformen, die sich in einer Ecke des Raumes zusammendrängen und die von dem Eindruck besessen sind, etwas in gleichem Maße Mystisches und einfach Schönes zu erleben.

»Schaut nur«, flüstert unsere Freundin, »wie schön das ist ...«

Im friedlichen Tanz der farbigen Lichter, die der Körper der jungen Frau ausstrahlt, fesselt eine dichte Lichtwolke unsere Aufmerksamkeit. Sie umhüllt den Schoß der Frau, während aus ihrer Mitte eine Unmenge bläulicher Funken hervorschießen. Es ist unmöglich zu sagen, ob nun diese Leuchtelemente vom Körper selbst ausgehen oder ob dieser sie im Gegenteil eher anzieht. Es scheint sich wohl eher um einen feinstofflichen Austausch zwischen dem Organismus der jungen Frau und der ätherischen Natur der Umgebung zu handeln. Wir spüren, daß wir mehr innere Ruhe und Frieden in uns einkehren lassen müssen, um alles genauer und mit mehr Liebe beobachten zu können.

Jetzt sehen wir, daß es keinen Zufall in dem äußerlich verwirrenden Tanz der violetten Funken gibt. Jeder von ihnen scheint entweder aus dem Boden selbst oder aber aus einem horizontalen Energiefluß am Boden entlang aufzusteigen, und sobald er in die Nähe des Körpers der jungen Frau kommt, nimmt er an Dichte und Stärke zu. Seltsamerweise werden einige dieser Funken im Umfeld ihres Schoßes festgehalten, während die Mehrzahl von ihnen sehr schnell wieder verschwindet. Wir denken dabei an ein mikroskopisch kleines Puzzle, das die Natur selbst zusammensetzt, wenn wir auch nicht die geringste Ahnung haben, nach welchen Kriterien hier eine Auswahl vorgenommen wird.

»Schaut mal her«, flüstert Rebekka, die ihre innere Rührung kaum verbergen kann, »schaut, wie die violetten Funken jetzt in den Körper eindringen. Man hat den Eindruck, als sauge er sie sehr schnell in sich auf, sobald sie beginnen, sich um ihn herum zu drehen. Und so formen sie den Fötus, in den sie in ein paar Tagen schlüpfen werden. Obwohl ich nichts dafür kann, beginnt mein Herz jedesmal anders zu schlagen, wenn ich das alles sehe. Meine Freunde haben mir erklärt, daß die in dem Element Erde vorhandene Lebensform all diese Funken und Lichtstrahlen auslöst. Deswegen bewegen sie sich auch horizontal vorwärts, denn sie sind wie Keime, die aus der Erdenergie kommen. So bereiten die Emanationen der Mineralsamen dieses Planeten den Boden vor, auf dem der Fötus wachsen wird. Sie schaffen die feinstoffliche Form – ihr nennt dies die ätherische Form –, in der dann der Körper sich entwickeln kann. Andere Naturelemente wie Wasser oder Feuer zum Beispiel sind ebenfalls im Augenblick aktiv, aber dies ist noch so unendlich fein, daß wir es auf unserer Ebene noch nicht wahrnehmen können. Zumindest hat man mir aufgetragen, euch dies so zu erklären.«

»Ist es für dich nicht mühevoll, uns von all dem zu sprechen, denn es handelt sich doch um deinen künftigen Körper...?«

»Ganz leicht ist es nicht, aber ich habe es versprochen. Ich weiß nicht, wie dies in einigen Monaten aussehen wird, aber heute bin ich noch dermaßen außerhalb von diesem Körper... Erst zweimal bin ich hineingeschlüpft, und dies noch ganz schnell!«

»Kannst du uns davon etwas mehr erzählen?«

»Ich kann dies nicht nur, ich muß es sogar! Ich machte diese Erfahrung erst vor kurzem, und man sagte mir anschließend, dies habe genau dem ersten Herzschlag meines künftigen Körpers entsprochen, d. h. dem einundzwanzigsten Tag nach der physischen Zeugung. Dies entsprach, aber damals wußte ich dies noch nicht, einem sehr starken Drang zu meiner Mutter, der im Grunde durch nichts zu erklären und auch schwierig zu erleben war. Es war wie ein dringendes Bedürfnis, in sie ›hinabzusteigen‹ und bei ihr zu sein. Bis zu diesem Zeitpunkt hatte ich mich stets nur in der Aura ihres Körpers aufgehalten, denn ich wagte nicht, mehr zu unternehmen, und hatte auch keine Ahnung, wie die Dinge sich entwickeln würden.

Heute verstehe ich, daß eine Seele, die dies bewußt erlebt, sich anstrengen muß, um ihr Herz und dessen Begeisterung zu spüren und zu erfassen, denn niemand, auch kein Meister, liefert hierzu die Gebrauchsanweisung. Und da setzt auch die Liebe ein, bei diesem intuitiven Spüren, daß die Verschmelzung nahe ist.

Ich selbst bin auf einen Schlag in den Schoß meiner Mutter eingedrungen. Wie soll ich euch das klarmachen...? Ich befand mich neben ihr... Ein starker gelber Lichtschein strahlte aus ihr, und ich wußte, daß sie sich Sorgen machte..., und dann, wie ein Blitz, war ich in ihr, wie angesaugt von ihrem Körper. Ich fühlte mich nicht sehr wohl: Ich verspürte einen Druck auf der Brust und starke Übelkeit. Während einiger Sekunden hatte ich sogar das Gefühl zu ersticken, denn ich glaubte mich riesig groß in einem unendlich kleinen Raum. Dummerweise begann ich dann noch zu frieren. Und dies, obwohl man mir tausendmal erklärt hatte, daß all diese Gefühle nur Ausgeburten meines mentalen Bewußtseins sind! Wenn ich euch dies heute nun so erzähle, habe ich den Eindruck, als habe der Lärm mich am meisten gestört; und deswegen verließ ich auch wieder schnellstens den Leib meiner Mutter.

Ihr Atmen und ihr seltsamer Herzschlag hinterließen in mir das Gefühl eines sehr unangenehmen Getöses, das ich nur schwer ertragen konnte. Heute weiß ich, daß ich mich daran gewöhnen werde, und es erinnert mich eher an die Brandung der Wellen an einem Strand. Im Grunde sind dies bereits die Geräusche des ›anderen Ufers‹!«

»Wir wußten bereits – und du hast es uns noch bestätigt –, daß die subtile Energie, die aus der Erde selbst kommt, das erste Bauelement zur Herstellung der ätherischen Gußform ist, in der dann der Fötus wachsen wird; aber hast du etwas mehr über diesen Mineralsamen in Erfahrung bringen können, von dem du gesprochen hast?«

»Ja, der tellurische Energiestrom, der der Ausformung der ätherischen Hülle und dann der des künftigen physischen Körpers dient, gibt an diesen die Wesenheit eines jeden der wichtigsten Minerale weiter, die man auf Erden findet und die den Planeten unseres Sonnensystems entsprechen. Obwohl mein Fötus das Prinzip aller Metalle in sich aufnimmt, absorbiert er im Augenblick vor allem die Energie des Goldes und damit analog die der Sonne. Aber all dies hat man mir erzählt, denn ich meinerseits verspüre nicht den geringsten Einfluß...«

»Willst du damit auch sagen, Rebekka, daß du auch keinen Schmerz empfinden würdest, sollte der kaum ausgeformte Fötus nun plötzlich physisch absterben?«

»O nein!« antwortet unsere Freundin mit einer deutlichen Geste, »o nein, denkt das auf keinen Fall! Ich habe bereits eine Mutter, und sie hat mich gerufen! Und dann, ich weiß nicht genau... aber seit ich in ihrem Schoß geweilt habe, gibt es so etwas wie eine festgeschmiedete Verbindung. Ich habe mich in ihr aufgehalten; und wenn ich nun plötzlich nicht mehr dorthin zurückkehren könnte... ich glaube, ich würde einen heftigen körperlichen Schmerz verspüren. Ich habe schon einmal an diese Möglichkeit gedacht, und dies hinterließ in mir den Eindruck von Brennen im Milzbereich.

All diese Dinge habe ich mit meinen Freunden studiert, aber ich gebe ehrlich zu, daß dies bisher für mich graue Theorie war... Heute weiß ich, daß, sobald das Herz eines Fötus zu schlagen beginnt, dies einer tief verwurzelten Zuneigung der sich inkarnierenden Seele zu ihrer Mutter entspricht. Ihr müßt wissen — auch wenn gewissen Leuten dies etwas sinnlos erscheinen mag —, daß die Urnatur der Mineralien und die der Seele gleich sind. Und wenn nun in diesem Schoß sogar ein Herz schlägt... auch wenn es noch außerhalb von mir und unabhängig von meinem Willen ist, habe ich das Gefühl, als habe man mir einen Schlüssel anvertraut, den ich nicht verlieren darf.«

Während sie sprach, hat sich Rebekka mit der Leichtigkeit einer Kerzenflamme dem Bett der jungen Frau genähert.

»Die gute Nachricht hat sie erst dieser Tage erfahren«, meint sie fast fröhlich, »kurz bevor wir drei uns kennenlernten...«

Die Auren der beiden Frauen sind nun verschmolzen, und Rebekka ist ihrer künftigen Mutter so nahe, als sei sie bereits eins mit ihr.

Wenig später verändern sich die Lichtemanationen ihrer Seele fast unmerklich bis zur Durchsichtigkeit, bevor sie sich erneut verändern und einen Farbton aus dem Blaubereich annehmen. Alles ist einfach schön. Sicherlich viel schöner und viel direkter als diese Meditationen, die eine Seele auf der Suche nach Frieden oft nur mit Mühe in sich zum Erblühen bringen kann.

Wir haben in diesem Augenblick nicht den Eindruck, daß eine Mutter und ihr Kind zum ersten Mal aufeinander zugehen, sondern eher das Gefühl, als erinnerten sich zwei erwachsene Bewußtheiten langsam ihrer gegenseitigen Versprechen, als fänden zwei Seelen irgendwo in ihrer tiefsten Tiefe eine natürliche Liebe, die ohne besondere Erwartung ist . . .

Und während ihre Herzenswärme uns überkommt, verändert sich die gesamte Stimmung des Zimmers. Jedes Objekt und ein jeder von uns verfällt dem Zauber einer kaum wahrnehmbaren Musik . . .

Offensichtlich ist unsere Anwesenheit nun überflüssig, denn Rebekka hat sich unserem Blick entzogen. Ihr Seelenkörper ist verschwunden, er wurde aufgenommen von dem der jungen Frau, die nun fest schläft. Er hat sich einer anderen Lebenswellenlänge angepaßt, wo wir nur noch wie Eindringlinge erscheinen können.

Es bleibt in uns dieses Schauspiel eines fast banalen, aber doch so warmen Zimmers irgendwo im Westen. Es bleibt diese auf dem Bett ausgestreckte, ganz in Blau getauchte Gestalt, die von ihrem Geheimnis zu erzählen beginnt . . .

KAPITEL II

November

»Ich habe es geschafft . . . diesmal sind wir uns wirklich begegnet! Letzte Woche! Oder so um diese Zeit herum.«

Rebekka sitzt vor uns auf dem Boden ihrer Sphäre aus weißem Licht, ihre Knie hat sie bis unters Kinn gezogen. Wenn man sie so anschaut, hat man einige Mühe, etwas Greifbares um sie herum zu bemerken: Es gibt nur ein klares Licht, das sich selbst genügt, und einen Zustand der Offenheit, wo nichts unmöglich erscheint.

»Ihr dürft nicht glauben, daß dies alles eine Leere ist«, scheint Rebekka uns mit ihren tiefen, großen Augen, die ständig auf uns gerichtet sind, sagen zu wollen . . . »Es handelt sich im Gegenteil um etwas, das eher der Fülle gleicht.«

Schweigend schauen wir unsere Freundin an. Seit vierzehn Tagen hatten wir sie nicht mehr gesehen; vierzehn Tage, die sich in unserem Bewußtsein gleichsam zusammenziehen und keinen Platz mehr lassen für die Erinnerung an die Einzelheiten unseres alltäglichen Lebens während dieser Zeit. Ist wirklich schon so viel Zeit vergangen?

Wie alle Wesen, die noch auf der anderen Seite des Ufers weilen, versteht Rebekka dank ihrer telepathischen

Fähigkeiten viele Dinge gut und schnell. Mit der für sie so typischen Lebendigkeit kann sie nicht umhin, bereits auf die Frage zu antworten, die wir ihr gerade stellen wollen.

»Für mich ist dieser Ablauf der Zeit auch etwas Seltsames. Vor allem seit unserer ersten Begegnung versuche ich, den Sinn für den Rhythmus der Tage und Nächte wiederzufinden. Ich muß mich schneller daran gewöhnen, als mein Körper dort unten eigentlich von mir verlangt ... sonst kann ich viele Informationen nicht an euch weitergeben. Die Schwierigkeit besteht nur darin, daß mein Seelenkörper seinen eigenen biologischen Rhythmus hat, der nichts gemeinsam hat mit dem, an den mein physischer Körper sich gerade gewöhnen muß. Als ich in diese Welt hier kam, schwangen die Zeit, das Licht und alles um mich herum im Rhythmus meiner Emotionen, meiner Wünsche und auch jeder Form von Glück, die ich kosten wollte. Dann habe ich mich gewissermaßen etwas beruhigt und habe im Grunde meines Herzens eine stets gleichschwingende Kraft entdeckt. Die Natur und die Wesen, die mich umgaben, bedeuteten von diesem Zeitpunkt an für mich Gleichgewicht und Stabilität entsprechend meiner Liebe, die ich für sie empfand. Und von da an verlief alles ganz wunderbar, und ich verlor nach und nach jedes Gefühl für die Erdenzeit, denn es gab für mich weder Begrenzung noch Beschränkung auf meinem Weg in dieses neue Leben.

Auch hier in meiner kleinen Sphäre zwischen zwei Welten, wo ich mich so oft wie möglich aufhalte, bin ich noch immer in diesem fließenden Lichtrhythmus, in dem mein Herz sich so absolut entfalten kann. Was ich euch hier erzähle, ist keineswegs eine bildliche Sprache, sondern reine Wirklichkeit, denn ab und zu sehe ich noch diese Lebensströme, die alles um mich herum in ihre sanftgrüne Farbe tauchen. Der einzige Unterschied ist, daß ich jetzt eine Art instinktiver, fast viszeraler Uhr habe, die regelmäßig in mir auftaucht. Ich habe den Eindruck, als sei sie es, die mich in Richtung Erde zieht. Auch habe ich das Gefühl, daß all dies mittels meiner Milz geschieht. Die erste Spur dieses Organs erscheint im Embryo noch vor dem Keimling des Herzens, und die Milz vermittelt mir auch nach und nach den Sonnenrhythmus, wie er auf Erden empfunden wird ...

Aber eigentlich wollte ich ja von meiner Mutter erzählen ... Von meinem Vater zu sprechen ist etwas schwieriger, da er mich noch nicht besucht hat. Ich wollte euch vor allem eines sagen: Meine Mutter und ich sind uns wirklich begegnet.«

»Wie ging das vor sich? Wie konnte sie bis zu dir gelangen?«

Rebekka verändert ihren Sprachton, so als sei eine neue Energie in ihr aufgestiegen; in einer ihr schon vertrauten Handbewegung streicht sie ihre dunklen dichten Haare nach hinten und läßt sie über ihre Schultern fließen.

»Nun, sie hat es eigentlich nicht absichtlich getan«, beginnt sie ihren Bericht, »aber während ihres Schlafes war dies ganz natürlich möglich. Meine hiesigen Freunde hatten mich schon darauf hingewiesen, daß sie keine Ahnung hat, welche Reise eine Seele unternehmen muß, um auf die Erde zurückzukehren; somit geschah alles unbewußt bei ihr.«

»Willst du damit sagen, daß sie sich überhaupt nicht an die Begegnung mit dir erinnert?«

»Das weiß ich noch nicht. Aber ich wollte auch nur sagen, daß sie nicht bewußt, d. h. mit ihrem Willen, die Projektion ihres Lichtkörpers bis zu mir unternommen hat. Dieser Körper hat sich vielmehr während ihres Schlafes zu dieser kleinen Sphäre herangetastet ... damit so unsere Seelen ein bißchen Liebe austauschen konnten. Und dies war auch der einzige Grund ... denn viel zu sagen schafften wir nicht!«

»Aber hast du diesen Körper gerufen?«

»Dies ist, ich muß es offen zugeben, nicht falsch! Aber dies ist ja nicht schlecht an sich ... Ich denke, daß alle, die wieder nach dort unten gehen, sich so verhalten. Etwas Vorwitz spielt dabei eine gewisse Rolle, man möchte ganz schnell einen ersten Kontakt haben, aber — und dies glaube ich nicht nur, ich bin dessen sogar ganz sicher — vor allem geht es hier um den Wunsch, zu lieben und geliebt zu werden! Um den Wunsch, sehr schnell, sehr, sehr schnell voll akzeptiert zu werden ... Die meisten Wesen, die ich in diesem Leben hier, das auf den sogenannten Tod folgt, kennengelernt habe, beklagten sich über den Mangel an Liebe auf Erden. Ich bin da keine Ausnahme, denn dies ist auch genau meine Angst. In mir und in uns allen gibt es offenbar so etwas wie eine sehr alte Wunde, die noch nicht richtig verheilt ist.«

»Vielleicht sollte man zunächst einmal lieben, wenn man sich selbst nach mehr Liebe sehnt.«

»Dies ist mir schon bewußt, aber ich habe ein solches Verlangen danach, dieses Leben besser zu leben als das vorhergehende, mich wohler in meiner Haut zu fühlen, daß ich fürchte, all dies ein bißchen zu vergessen. Meine Angst ist zweifelsohne verbunden mit meinem zu großen Verlangen einerseits und meiner mangelnden Fähigkeit zu geben andererseits...

Auf jeden Fall hat meine Mutter meinen Ruf vernommen; sie konnte mich treffen, weil es in ihr keine Blockade gab, d.h. weder eine Spannung noch eine Ablehnung der Situation.

Alles begann damit, daß ich ihr im Schlaf einen ›telepathischen Ruf‹, wie ihr zu sagen pflegt, zukommen ließ; allerdings war es ein bißchen mehr als ein einfacher Ruf, denn das Aussenden eines Gedankens schafft eine Art elektromagnetischer Schwingung, die ihrerseits wieder eine Art Ariadnefaden bildet, dem die so gerufene Person nur zu folgen braucht, um den Weg zu finden.

Ich verleugne nicht, daß ich zunächst ein wenig Angst hatte, aber dann ging doch alles gut. Schließlich standen wir uns dann gegenüber: Sie war ein wenig benommen, und ich fühlte meine Sinne mehr als hellwach... ich hatte nicht das Gefühl, meiner Mutter gegenüberzustehen. Eher einer Schwester oder einer Freundin!«

»Hattest du den Eindruck, sie schon einmal gesehen zu haben, also eine Art Wiedersehen zu erleben?«

»Das weiß ich eben nicht. Je mehr ich an sie denke, desto mehr empfinde ich sie als meine Schwester, aber mehr kann ich dazu nicht sagen. Sollte es zwischen uns etwas Gemeinsames geben, dann ist dies sicher schon sehr lange her. Aber was soll's auch! Ich glaube verstanden zu haben, daß wir nicht um jeden Preis versuchen sollen, alle unsere Geheimnisse zu lüften. Das Vergessen ist manchmal ein ausgezeichneter Schutz, oder etwa nicht?«

Rebekka steht einige Schritte von uns entfernt. Wir haben den Eindruck, als verleihe allein schon die Tatsache, daß sie uns von all dem erzählen kann, ihr eine ganz besondere Energie. Gedanken und Emotionen haben hier ihre eigene Sprache, ja, man könnte fast sagen, daß sie beinahe geschwätzig sind, denn selbst die geringste ihrer Manifestationen ist so leicht erfaßbar wie Sonne und Wolken am Himmel.

So entwickeln sich im Bewußtsein unserer Freundin sehr genaue Formen; sie tauchen zunächst in der Nähe ihres Gesichtes auf und entfernen sich dann, bevor sie ganz langsam ihr Leben aushauchen und sich in der Unendlichkeit verlieren. Es handelt sich um die Umrisse eines großen Schlafzimmerschranks und dann um die eines Tores mit einer kräftigen Hausnummer aus Kupfer; schließlich die friedlichen Züge ihrer künftigen Mutter. Und mitten darin schweben die Lichter mit dem so typischen grünblauen Farbton wie Nebel, die sich nicht auflösen wollen. Es handelt sich um Rebekkas inneren Ozean, der ein wenig mehr sagen möchte und flüsternd uns ihre Angst mitteilt.

Rebekka wirft uns einen Blick zu ... sie weiß, daß wir es wissen, und kann sich ein Lächeln nicht verkneifen.

»Wenn wir schon Komplizen sind, dann auch bis zum Äußersten! Es ist schon richtig, daß mich manchmal

Angst überkommt, wenn ich ihr Gesicht in mir spüre. Ich weiß nicht, wer sie genau ist, aber je mehr ich überlege, desto tiefer bin ich jetzt überzeugt, daß wir sehr verbunden sind. Die Art dieser Verbindung bereitet mir manchmal etwas Probleme ... mehr, als ich euch eingestehen wollte. So etwas wie Ängstlichkeit ... ein Gefühl, das ich eigenartigerweise vergessen hatte.

Wenn ich heute fähig bin, sie zu spüren, zeigt dies, daß irgendetwas in meinem Körper da unten in meiner Mutter vor sich geht ... Man hat mir gesagt, daß zusammen mit den sieben Mineralien, die die Grundlage des Körpers bilden, das darin enthaltene Feuerelement sofort das ausbilden würde, was ihr Chakren nennt.

Denn wären diese Zentren nicht von Anfang an da, dann, so sagte man mir weiter, könnte sich nichts entwickeln. Ihre Tätigkeit zusammen mit der ebenso subtilen Arbeit der Elemente wie Wasser oder Erde erlaubten schließlich die Entwicklung der Verzweigungen.«

»Mit Verzweigung meinst du doch die Nadis, diese ätherischen Gefäße? Man sagt doch, daß sie es sind, die durch ihre Richtung und ihre Verflechtungen genau die Körperform vorzeichnen und so aus dem Embryo einen echten Fötus machen.«

»Genauso hat man es mich ebenfalls gelehrt, aber ich muß zugeben, daß dieser Wortschatz für mich noch ein bißchen fremd ist. Aber ich möchte euch jetzt etwas erklären, was mir sehr wichtig dünkt ... Himmel und Erde sind in ihrer Gesamtheit in unserem Körper enthalten und bilden auch den Ursprung unserer Seele. Es handelt sich nicht nur um Symbole, die man in der Philosophie benutzen kann oder deren man sich bedient, um den Eindruck zu erwecken, als habe man alles verstanden. Es handelt sich vielmehr um Elemente, die eines Tages für alle greifbar werden, um wahre Bausteine, mit denen das All uns schafft.«

»Du sprichst vom All, Rebekka, ist das deine Bezeichnung für Gott?«

»Ja, wenn ihr wollt. Mir ist diese Bezeichnung lieber. Als ich das letzte Mal geboren wurde und auf der Erde lebte, hatten wir keine Wahl der Begriffe, keine Möglichkeit, über den Sinn der Wörter nachzudenken, nicht einmal die Gelegenheit, anders zu denken als eben durch diese Begriffe. Und dann habe ich hier, zusammen mit meinen Freunden, entschieden, dies alles zum Platzen zu bringen, denn so konnte meine Seele nicht weiter atmen. Sie gab zwar vor zu leben, aber in Wirklichkeit fühlte sie sich überall eingeengt. Viele Wesen, die wie ich auf die Erde zurückkehren, haben dies alles verstanden und möchten nun endgültig die archaischen Strukturen beseitigen. Natürlich glaube ich an Gott! Wie könnte ich auch anders?

Sehe ich hier all dieses Licht, diese Harmonie, in der ich lebe, sehe ich, wie alles seine Ordnung hat und welch unglaubliche Kraft alles bis in die kleinste Einzelheit organisiert, dann müßte ich wirklich mehr als unaufrichtig sein, wollte ich seine Existenz verneinen! Ich möchte mich nun nicht in eine Diskussion über Begriffe einlassen, aber ich denke schon, daß einige unter ihnen recht alt sind und zuviel leiden mußten. Deswegen spreche ich auch nicht mehr von Gott, sondern vom All, denn das

Universum ist für mich ein Bewußtsein, das alles liebt und bewohnt und das nicht gleich für ein Ja oder ein Nein in Zorn gerät. Ein Bewußtsein voller Liebe... mehr kann ich euch nicht sagen...!

Ich weiß auch schon, daß meine künftigen Eltern an Gott glauben und daß ich deswegen mit ihnen auch einige Probleme haben werde. Sie waren eine Zeitlang Mitglieder einer Art sehr verschlossener Kirche, was an ihnen nicht spurlos vorüberging. Ich muß sie jetzt ganz schnell zum Überlegen bringen... das habe ich mir geschworen!«

Unsere Freundin schüttelte sich vor Lachen, so, als habe ihr Bericht ihre alte kämpferische Natur wieder neu erweckt...

»Ja, dies möchte ich erreichen«, fuhr sie in einem etwas sanfteren Ton fort, »dies gehört zu meiner Arbeit... Ich muß zunächst mein Haus für dieses Leben herrichten!«

»Du hast aber doch schon gewisse Hinweise auf das, was dich dort erwartet, Rebekka... Wie hast du sie bekommen? Wir wissen, daß es bestimmte Orte in den Seelenwelten gibt; wurdest du an einem dieser Orte über alles informiert?«

»Ja, und dies ist nicht einmal sehr lange her. Diese Orte gibt es überall; sie ähneln diesen großen Häusern, wo man sich ausruht, wenn ›irgendetwas‹ einen müde gemacht hat, wie ich euch bereits erklärt habe. Man muß nicht dorthin gehen, aber es wird einem manchmal dringend geraten; auch ich war schon einmal in einem solchen Haus. Meine Freunde nahmen mich dorthin mit,

und in einer Art Wohnzimmer nahm ich wirklich das . . .
göttliche Bewußtsein um mich herum wahr. Es manife-
stierte sich durch ein übermächtiges, unbeschreibliches
Gefühl, mit allem eins zu sein, selbst mit dem Sessel, auf
dem ich saß, mit den Wänden. Und dieses Gefühl war
sogar so stark, daß mein Herz sich in der Mitte sozusagen öffnete und ich den Eindruck hatte, als gleite ich in
die Materie einer dieser Wände. Verschiedene Szenen
spielten sich vor mir ab, oder eher – in mir. Sie waren in
der Regel kurz und schienen mir durch keine Logik miteinander verbunden. Ich kann sie euch aber nicht so einfach beschreiben, denn dies alles läßt sich nur schwierig
in Worte fassen. Ich kann euch lediglich sagen, daß ich
Situationen sah und erlebte, in denen man stets viel Willen und blindes Vertrauen zeigen mußte. Und währenddessen fragte ich mich immer wieder: ›Bist du einverstanden? Bist du einverstanden?‹ Ich wußte, daß ich bis
zu einem bestimmten Punkt nein sagen konnte, aber floh
ich dabei nicht vor mir selbst? Ich sah, daß die Person,
die mein Vater werden sollte, in einem technischen Bereich arbeitete, an einem sehr sauberen Ort voller Leitungen und Knöpfe . . . Ich sah auch, daß mein Kommen
für ihn eine Art Prüfung war, würde er doch sicherlich
einige Mühe haben, mich mit der Autorität zu behandeln, die zu meinem Gleichgewicht nötig ist . . . Es wird
eine Prüfung für ihn sein, aber auch für mich, da es offenbar nicht leicht sein wird, ihm dies alles klarzumachen . . .
wobei noch hinzukommt, daß ich um jeden Preis versuchen will, ihn in seiner Lebenseinstellung zu verändern.

All diese Visionen waren so klar, daß ich den Eindruck hatte, als sei diese Zukunft – in Vorbereitung oder als Vorschlag – bereits irgendwo im Raum oder in der Zeit Wirklichkeit gewesen; mir wurde plötzlich bewußt, daß ich allein den Mut aufbringen mußte, diese Zukunft in mir wieder neu zu schaffen, vielleicht auch noch einen Schritt weiter zu gehen, sie noch vollkommener zu gestalten!

Was ich dann in der Folge sah, geschah während meines Schlafs in meinem Haus. Ihr wißt, daß wir in Wirklichkeit nicht verpflichtet sind, durch die Orte hindurchzugehen, wo uns Lebensstrukturen angeboten werden. Sie spielen vor allem dann eine Rolle, wenn es darum geht, einen Bewußtseinsprozeß auszulösen oder zu beschleunigen.

Manchmal sah ich hier Wesen von großer Schönheit, die so sehr Frieden ausstrahlten ... Eines von ihnen lehrte mich, daß die Seelenwelten sich eines Tages von dieser Art ›Zukunftskliniken‹ befreien werden, seien diese doch, so meinte dieses Wesen, nur Stützen des Bewußtseins, und diese müsse man aufgeben, wenn man sich selbst finden wolle. Und es meinte ferner, daß die Seelen wie auch die Körper zu Techniken Zuflucht nehmen müßten, solange sie ihre Reife, d. h. ihr Wesen und ihre Bestimmung, nicht erreicht hätten.

Ich muß hinzufügen, daß ich bei diesen Visionen einer möglichen Zukunft weder Glück noch Freude empfand. Kaum fühlte ich mich davon betroffen, so, als gebe es in mir eine höhere Kraft, die genau wußte, daß dies alles nur eine einfache Maske war und daß ich sofort sehen konnte, was sich ... darunter verbarg!

Das wahre Glück seit meiner Rückkehr ist diese erste Begegnung mit meiner Mutter. Dabei habe ich ihr nur gesagt: ›Weißt du, wer ich bin?‹ worauf sie mir ein wenig erstaunt und abwesend antwortete: ›Natürlich, ich fürchte nur, etwas zu spät zu kommen...‹

Ich frage mich, ob sie dieses Gespräch mit in ihre Realität nehmen konnte und in welcher Form! Ich meine, daß ihre Schwangerschaft noch zu kurz ist, als daß sie sich an so etwas erinnert. Irgend etwas in mir sagt mir, daß sie noch gar nicht richtig erfaßt hat, was da vor sich ging.«

»Wir gehen davon aus, daß du nun versuchen wirst, diese Art von Kontakten immer häufiger zu haben. Hast du schon eine Ahnung davon, wie sich dies abspielen wird? Ist es nicht schwierig, sich vorzustellen, daß der Vorgang sich fortentwickeln wird?«

»Man hat mich lediglich verstehen lassen, daß es wohl besser wäre, wenn ich zu ihr ginge, als sie hierherkommen zu lassen. Übrigens ist dieses Hier ›nirgends‹; es ist eine Art von Schublade in meinem Bewußtsein, wohin ich mich geflüchtet habe, um meinen Kokon zu spinnen. Würde ich meine Mutter zu oft hierherkommen lassen, würde ich in ihr Sinneseindrücke hinterlassen, die nichts mit ihr zu tun haben, oder Erinnerungen wachrufen, zu denen sie keine Beziehung hat. Ich werde mich vielmehr öfters auf der Ebene aufhalten, die ihr ›das mentale Bewußtsein‹ nennt. Auf diese sanftere und genauere Art und Weise können wir uns dann kennenlernen. Ich werde in der Tat versuchen, mich in ihre Träume zu schleichen, sobald ihr Lichtkörper den stofflichen Körper verlassen hat.«

Plötzlich verändert sich Rebekkas Gesichtsausdruck und strahlt Vertrauen, Seelenruhe und Freude aus, was wir an ihr bis jetzt in diesem Maße noch nie beobachten konnten.

»Entschuldigung«, flüstert leise ihr Blick.

Hinter unserer Freundin, uns genau gegenüber, tauchen zwei friedvolle Wesen auf, ein Paar, das in diesem Augenblick ganz allein alle Qualitäten des Schweigens in sich vereint. Es ist uns unmöglich, sie zu beschreiben oder zu vergleichen. Sicherlich hat ihr Äußeres nichts Außergewöhnliches, denn vor allem ihr Blick zieht uns an. Sie sind wie die kleine, unerfaßbare, unergründbare, aber auf ihre Art so geschwätzige Flamme derer, die schon vieles erlebt und dabei das Wesentliche verstanden haben. Nur die Kraft der Liebe konnte sie so stark machen, daran ist kein Zweifel!

Endlich sehen wir sie etwas deutlicher – es sind Rebekkas Führer.

Und hinter ihnen erscheint so etwas wie ein Schleier, der am Zerreißen ist. Plötzlich ist alles in eine blaue Helligkeit getaucht, und wir befinden uns mitten in einem blühenden Obstgarten; wir sitzen im Gras, dessen sanftes Grün allein schon eine Einladung ist. Alles ist so wunderbar rein, daß wir einen Augenblick meinen, keine Bewegung machen zu können, ohne etwas zum Welken zu bringen.

An diesem Seelenort, der uns seine Pforten geöffnet hat, sind wir allerdings nur vorübergehend; unsere Natur ist von der ihrigen noch so verschieden . . . Und doch, was gibt es Unwandelbareres als Licht, das zur Materie wird?

»Du hast es zu eilig, Rebekka«, meinte eines der beiden Wesen und nahm dabei unsere Freundin bei der Schulter. »Wir versuchten es dir schon vor kurzem zu sagen, als du bereits in Begleitung deiner Freunde warst, aber du warst so sehr in Anspruch genommen, daß dein Bewußtsein uns unfreiwillig zurückgestoßen hat. Du willst dich zu schnell von dieser Welt trennen, die immer noch die deine ist ... Du möchtest so sehr alles leer machen, daß du deiner Seele Gewalt antust. Warum suchst du diese Leere um dich herum? Du darfst dich nicht schon so sehr auf die Erde projizieren, daß du alles, was du gekannt hast, beiseite fegst. Laß auch der Erde genügend Zeit, auf dich zuzukommen. Du bist die Summe all deiner Vergangenheiten, vergiß dies nicht und dieser Ort gehört noch zu dir; du kannst seine Wärme und seine Schönheit nicht einfach so impulsiv ablehnen, wie du es bis jetzt getan hast.«

Rebekka lächelt vor sich hin, aber ihr Lächeln ist von einem deutlichen Seufzer begleitet, wie man ihn bei Kindern kennt, denen man eine kleine Strafpredigt gehalten hat.

»Ich weiß das alles sehr wohl«, meint sie und lehnte ihre Stirn gegen die Schulter dessen, der sie immer noch umarmt. »Ich weiß es, aber trotz meiner Freude habe ich ein wenig Angst, wieder auf die Erde zurückzugehen ... deswegen möchte ich, daß alles so schnell geht.«

Eines der beiden Wesen hat sich nun in unsere Richtung gedreht. »Entschuldigt diese Einmischung. Wir sind auch nur einfache Menschen, die eines Tages wieder den Weg in Richtung dichterer Materie nehmen werden.

Aber wir müssen zunächst unsere Rolle zu Ende bringen, die darin besteht, Rebekka zu leiten und zu führen... Wir sind richtig froh darüber, daß ihr stets dabeisein könnt... So wird Rebekka euch ein bißchen vertrauter sein, und ihre Fehler werden euch über die Wege der Seele einiges lehren...

Seht, dieser Obstgarten, der um uns aufgetaucht ist, gehört Rebekka: Hier verbrachte sie mit Vorliebe die langen Augenblicke zwischen zwei Erdenleben. Sie hat einige Mühe zuzugeben, daß, wenn sie diesen Garten zu schnell verläßt, sie systematisch einen ebenfalls zu schnellen Inkarnationsprozeß in Bewegung setzt. Trennt man sich zu brutal von einem gewissen Existenztyp zugunsten eines anderen, dann hat die Seele nur sehr selten die Fähigkeit, den Sinn und die Tragweite dieser Veränderung zu erfassen. Es folgen daraus Spannungen und eine schwierige Anpassung für sie in dieser neuen Welt.

Was für einen plötzlichen physischen Tod gilt, gilt auch in umgekehrter Richtung... Idealerweise sollte man sich Zeit lassen, um die Tür zu öffnen und sie dann wieder hinter sich zu schließen..., wobei man nie vergessen darf den Schlüssel bei sich zu behalten!«

»Das Problem hängt mit der Beweglichkeit der Seele zusammen und mit der Empfindlichkeit ihres Gleichgewichts gegenüber einer so anderen Lichtqualität...«

»Und außerdem ist es ein Problem von Denkströmen, insbesondere im Fall einer Geburt auf der Erde. Wenn Rebekka in ihrem Innersten den Wunsch verspürt, sich sehr schnell zu inkarnieren, dann wird unbewußt ihre psychische Kraft Schwingungen erzeugen, die automatisch in Richtung des Fötus gehen, der für sie am Entstehen ist. Eine solche Menge an Kraft versetzt nun die universelle Energie, das sogenannte Präna, in den Nadis des Fötus in schnellere Drehbewegung. Man darf sich also dann nicht wundern, wenn dieser, von diesem Zeitpunkt an, eine schnellere biologische Unabhängigkeit nehmen möchte. Seine Anreicherung mit einer gewissen Pränaqualität und die feinstofflichen Informationen, mit denen, ein wenig künstlich, einige seiner Organe, vor allem die Milz und auch der Keimansatz der Thymusdrüse, genährt werden, sind Elemente, die die Seele vor der Zeit Wurzel fassen läßt. So kommen auch die Frühgeborenen auf die Welt ... sogar bevor alle Mineralien und die damit zusammenhängenden planetarischen Kräfte überhaupt genügend Zeit hatten, ihre Arbeit zu vollenden. Natürlich gibt es auch außergewöhnliche Ursachen für Frühgeburten, aber unsere Erklärung gilt für den Normalfall. Und Rebekka hat kein Interesse, diesem Weg zu folgen, denn einerseits könnten ihrem künftigen Körper gewisse Metalle fehlen, und andererseits würde dies in ihrem Unterbewußtsein ein fast pathologisches Bedürfnis nach Schnelligkeit verwurzeln, das aus ihr eine ewig ungeduldige Person machen würde.«

»Dies alles weiß ich«, meint unsere Freundin und dreht sich zu uns um, »ich muß das Gegenteil dieser Haltung annehmen ... wie die meisten von uns, die in Zukunft wieder einen Körper annehmen wollen. Hier wurden wir ständig genährt von einem Willen zu lieben, zusammen mit einem festen Willen zu handeln. Man braucht eine große Arbeitskraft und eine gute Ausdauer, will man die Hoffnungen erfüllen und die Bilder einprägen, die wir im Herzen gepflegt haben und die die Menschheit erwartet.

Viele von uns, viele Seelen, die in nächster Zeit sich auf Erden inkarnieren, haben sich nicht weit von hier getroffen und treffen sich auch weiterhin. Sie wollen die Erde nicht mehr, die sie früher kennengelernt hatten und die gewisse Leute ihnen immer noch vermachen wollen, eine Erde mit der gleichen Schwere, dem gleichen Zögern und vor allem den gleichen Begrenzungen.

Ich gehöre zu den Wesen, die schnell, gut und ohne faule Kompromisse handeln wollen. Ich habe es mir nicht ausgesucht, so zu sein, und ich kann auch nicht an Zufall glauben, wenn die göttliche Kraft mir heute zu verstehen gibt, daß ich wieder auf die Erde zurückkommen muß.«

»Du machst also aus deiner übertriebenen Eile eine Tugend, Rebekka.«

Ein allgemeines Schweigen folgt diesen Worten...: vielleicht, um besser die Transmutation zu erfassen, die sie in sich bergen, vielleicht aber auch nur, um diesen Ort mehr zu genießen.

Eine leichte Brise mit einem kaum wahrnehmbaren Duft, ein mildes und lebendiges Licht, mit Blüten überladene Bäume und einige, zu einer kleinen Trockenmauer zusammengetragene Steine, auf der Rebekkas Führer nun sitzen – dies ist unser augenblickliches Hier und Jetzt. Würden wir die Antwort nicht schon kennen, müßten wir unweigerlich die Frage stellen: Warum soll man einen solchen Ort des Friedens verlassen? Ist es überhaupt möglich, die Kraft zu benennen, die zum Hindernis hinzieht, die den Schmied dazu treibt zu schmieden?

Unser innerer Monolog amüsiert Rebekka offenbar.

»Ich gebe ihr keinen Namen«, meint sie, »ich habe nur den Wunsch, mich und alles, was dank mir lebt, in der Schöpfung wiederzufinden. Ich schaffe es wirklich nicht mehr, in dieser Welt der Seelenruhe zu leben, weil eben diese Ruhe nicht mehr in mir ist, weil ich weiß, daß ich mich nun ausreichend ausgeruht habe, und weil ich Angst habe, das Ziel zu vergessen!«

Wir versuchen, uns noch mehr in das Herz unserer Freundin zu versenken, mit der stillen Hoffnung, von ihr das zu hören, was wir selbst verstehen ...

»Aber ist das Ziel des Lebens nicht das Glück, Rebekka? Kann denn niemand dies hier erfassen?«

»Wie könnte ich wirklich glücklich sein, während ein Teil von mir noch in der dichten Materie herumirrt? Dieser Teil nennt sich ›die anderen‹ ... Wie könnte ich jetzt glücklich sein, während die Materie selbst, die mir ja geholfen hat, das zu werden, was ich bin, noch irgendeine Schwere mit sich herumträgt ... Nein, diese Welt und die andere, und die anderen ... müssen sich verflechten und nur noch eine Einheit bilden. Es darf nur noch ein Leben geben, das weder ›hier oben‹ noch ›dort unten‹ ist, sondern überall. Wir müssen auf die Erde zurückkommen, solange es noch einen ›Tod‹ gibt und bis dieser nur noch ›Geburt‹. ist. Ich suche diesen Zustand nicht mit einem Gefühl von Sorge, sondern mit Bestimmtheit; und deswegen wurde mir auch die Pforte geöffnet, damit ich wieder auf die Erde zurückkehren kann – glaube ich zumindest.«

Während Rebekka diese Ideen mit innerer Überzeugung darlegt, spüren wir, wie sie sich immer mehr von diesem Ort entfernt. Wir spüren, wie ihre Seele sich in sich zurückzieht, allerdings nicht, um irgendwo Schutz zu suchen, sondern um sich auf sich zu konzentrieren, um besser ausstrahlen und das Übermaß ihres Herzens verteilen zu können.

Ihr Lichtkörper wirkt nun fast durchscheinend, denn die Schwingungsstruktur ihres astralen Bewußtseins ist nun unmittelbar verändert. Für einen winzigen Augenblick erinnert uns Rebekka an einen kleinen Block aus Salz, den man ins Wasser taucht und der sich dort auflöst. Sie entzieht sich unserem Blick, und wir bleiben alleine mit ihren Freunden zurück.

»Sie hat noch einige Schwierigkeiten, ihre Emotionen richtig zu beherrschen«, meint einer der beiden, gleichermaßen als Entschuldigung. »Sie wird sich zu vieler Dinge jetzt erst richtig bewußt. Aber das ist ein ganz normales Phänomen. Sobald eine Seele wieder in einen menschlichen Körper zurückkehrt, ist es üblich, daß sie eine Bilanz der Elemente macht, die sie gelernt hat; und diesen Prozeß erlebt sie oft sehr intensiv. In dieser Welt ist dies ein Gesetz, um so die Aufnahme der großen, hier erlernten Wahrheiten ins Gedächtnis zu erleichtern, damit diese sich dann auf die Inkarnation auswirken können.«

Plötzlich verändert das Wesen, das gerade mit uns sprach, den Ton und fügt mit leiser Stimme hinzu:

»Entschuldigt diese Sprache, die euch wahrscheinlich ein wenig unklar oder zumindest ziemlich unpersönlich erscheinen muß. Wir sind selbst nur einfache Menschen, die es auf sich genommen haben, hier einigen von uns, einigen Jüngeren zu helfen. Unsere Kommunikationsschwierigkeit mit euch hängt damit zusammen, daß wir euch nur schwierig erfassen können. Selbst wenn ihr diesen Obstgarten bewundern und darin lustwandeln könnt, bildet ihr mit ihm keine Einheit. Bei Rebekka ist dies ein bißchen anders, da sie euch jetzt näher steht. Die Dichte dessen, was ihr ›Astralkörper‹ nennt, paßt sich ganz natürlich verschiedenen Ebenen an. Ihr Bewußtsein schwebt zwischen zwei Zuständen, was unweigerlich Folgen für ihre Molekularstruktur mit sich bringt.

Ich selbst war Priester bei meinem letzten Aufenthalt auf der Erde ... Als ich dann in dieser Welt ankam, erlebte ich so etwas wie eine Explosion: Mein Herz war so voller Frieden, wie ich es mir nie hätte vorstellen können. Und sofort hatte ich den Wunsch, zu irgend etwas zu nützen ... auf Erden hatte ich ein solches Maß an Verbitterung entwickelt. Lichtwesen ... ich kann euch nicht sagen, wer genau, auf jeden Fall waren sie dermaßen christlich ... haben mir dann sehr schnell diese Arbeit anvertraut, die darin besteht, weiterhin Seelen zu führen ... aber so frei, so sehr in tiefem Einverständnis mit mir selbst. Als Priester litt ich stets unter den Dogmen, wagte aber nie, davon zu sprechen. Denn die Akzeptanz dieser Begrenzung war für mich gleichzeitig ein Sicherheitsfaktor. Mir ist zwar vollkommen unklar, warum ich euch dies alles erzähle, aber ich spüre, daß dies so sein muß, da wir ja in gewissem Sinne eure Vermittler bei Rebekka waren. Ich sagte bewußt ›wir‹, denn ich habe hier die Gefährtin getroffen, deren Liebe ich auf Erden abgelehnt hatte, obwohl sie stets in mir war. Und, wie ihr seht, habe ich mittlerweile alles besser verstanden, und wir arbeiten beide nun zusammen in der gleichen Richtung... moralisches Foltern und unterdrücktes Schreien haben noch nie einen Menschen erhoben – aber dies weiß ich erst, seit ich hier bin.«

Eine Welle des Schweigens überkommt uns. Was sollen wir auch darauf antworten? Daß dies für uns nichts Neues ist? Daß wir dies alles durchaus verstehen? Keine der üblichen Antworten paßt zu diesen Wesen, die gewohnt sind, sich gegenseitig zuzuhören. Bleibt also nur noch die Sprache der Augen.

»Habt ihr eigentlich bemerkt, daß Rebekka nie von ihrer hiesigen Familie sprach?« fragt, fast schüchtern, die Begleiterin des Wesens, das bislang mit uns gesprochen hatte.

»In der Tat haben wir uns diese Frage bereits gestellt.«

»Trotz ihres Wunsches, möglichst schnell wieder auf die Erde zu kommen, lebt Rebekka ihren Abschied von diesen Gefilden hier genauso wie einen Tod. Und in der Tat ist dies auch so, denn sie stirbt hier für alle ihre Lieben. Ihre Sensibilität bringt sie dazu, deren Existenz so wenig wie möglich zu erwähnen und so schnell wie möglich in die feste Materie zu tauchen. Aber diese Reaktion von ihr verstehen wir sehr wohl.

Während also einerseits ihre künftigen Eltern sich aktiv auf die Freude ihrer Ankunft vorbereiten, empfinden wir andererseits hier so etwas wie eine Lücke... und

Rebekka wird es ganz sicher für ein paar Wochen oder Monate ganz kalt im Herzen sein. Aber von einigen ganz wenigen Ausnahmen einmal abgesehen, ergeht es uns hier ähnlich. Natürlich hat man davon auf Erden keine Ahnung ... die Freude des einen kann Trennung und Abschied für den anderen bedeuten. Die Tränen eines Säuglings und sein bisweilen wie abwesender Blick sind oft nichts anderes als der Ausdruck der Erinnerung an die leuchtenden Gefilde seiner alten Heimat und an die Gesichter derer, die er gerade verlassen hat. Also auch in dieser Richtung muß die Seele eine Pforte durchschreiten, was aber nicht zuletzt zu ihrem Reifeprozeß gehört. Je bewußter man diesen Schritt tut, d. h. in Frieden, ohne Identitätsverlust, ohne übertriebene Schläfrigkeit, um dem zu entfliehen, was man in sich aufgeben muß, desto leichter ist der Eintritt in den Fötus und desto tiefer ist die Erinnerung an das Ziel des Lebens, das sich vor ihm auftut, sich in ihm verankert. Man muß stets die Augen offen und das Bewußtsein lebendig halten ... und auch das Vertrauen, ganz gleich, welche Seite des Vorhangs man aufgibt.«

Bei diesen Worten kommen wir nicht umhin, an die so falsche Haltung der meisten von uns beim Anblick eines Neugeborenen zu denken, dessen Leben ganz neu und ganz zukunftsorientiert erscheint.

Das gerade geborene Kind ist kein so unberührtes Gefilde, wie die Weichheit seiner Haut uns glauben lassen möchte. Es trägt mit sich sein Gepäck, seine Ängste, seine Hoffnungen, seine Hemmungen, seine Freuden – eine ganze Farbpalette an Dingen, die es mehr oder minder schon seit langem entwickelt hat, auf jeden Fall viel länger, als man glauben möchte . . .

Während solche Gedanken durch unseren Kopf schwirren, spüren wir, daß unser Platz nicht mehr unter den blühenden Bäumen sein kann. Rebekka ruft uns. Eine Stimme voller Schweigen hallt mit Inbrunst in uns wider und möchte handeln . . . aber dieses Handeln verlangt ein totales Aufgeben unseres Willens.

Wir müssen den Ariadnefaden wiederfinden, der uns mit unserer Freundin verbindet. Wir suchen keinen Ort, sondern eine Sensibilität; einen Ton, den ihre Seele aussendet und der nur ihr gehören kann. Man muß ihn dann lediglich in seinem Innersten zum Klingen bringen . . .

Eine Kraft umgibt uns und zieht uns zu ihr, weit nach hinten. Sie enthebt uns von diesem Stückchen Frühlingsland, macht aus uns einen Punkt im All und verlangt dann plötzlich von uns, anders zu atmen . . . denn wir sind näher an unserer Erde . . .

Wir befinden uns über einer großen Menschenmenge, die sich auf breiten Bürgersteigen vorwärtsdrängt. Der Tag neigt sich, der Himmel ist bereits von einer sanften Röte überzogen, und das Neonlicht der Straßenbeleuchtung fließt wie ein Wasserfall an den Häuserfassaden hinunter. Es hat vor kurzem geregnet, und der Asphalt ist wie ein dunkler Spiegel, auf dem eine lange Autoschlange, begleitet vom üblichen Geräusch, dahingleitet.

Ein Paar, unbekannt und unbeachtet in dieser Menge von eiligen Männern und Frauen, kommt aus der riesigen Eingangshalle eines Kinos. Unser Blick wird automatisch in ihre Richtung gezogen, denn irgend etwas unterscheidet dieses Paar von anderen. Die Frau kennen wir bereits; es ist Rebekkas zukünftige Mutter. Den Mann, wahrscheinlich ihr zukünftiger Vater, sehen wir zum ersten Mal. Er ist hochgewachsen und hat einen etwas linkischen Gang, wie man ihn bei Jugendlichen findet, die zu schnell gewachsen sind. Gleichzeitig hat er etwas Edles und etwas unbedingt Gerades an sich, was unsere Sympathie für ihn wachruft.

Wenn die beiden nur ein wenig Ahnung hätten . . .

Ganz nahe bei ihnen erkennen wir die Umrisse von Rebekka, die wie ein Strauß irisierter Atome mit der Aura, die die beiden ausstrahlen, verbunden ist. Drei Seelen in einer! Ganz sicher haben diese Augenblicke unbewußter Verschmelzung für sie mehr Bedeutung, als man allgemein annehmen möchte. Nichts scheint sich auf diesem Bürgersteig abzuspielen, zumindest nichts von Bedeutung . . . aber in Wirklichkeit wird hier ein Verbindungsfaden gewoben, werden hier drei Musikinstrumente aufeinander abgestimmt, werden drei Geigenbögen zum gemeinsamen Spiel gespannt.

Genaugenommen sind wir Zeugen eines seltsamen Austauschs. Ganz bewußt scheint Rebekka sich einige Elemente aus dem Leben ihrer Eltern anzueignen, so als verschlinge sie mit ihrem Blick ein Schauspiel, das ihrer Seele wohltut. Durch einen Mechanismus, der nichts mit ihrem Willen zu tun hat, sondern vielmehr subtilen, physikalischen Gesetzen gehorcht, hat sie aus den Körpern ihrer zukünftigen Eltern leuchtende Elemente voller Bewegung an sich gezogen, wie etwa die farbenreichen

Nebel, wo die Grundstoffe eines innerlichen Lebens brodeln. Unsere Freundin lernt... und sie lernt zu wissen, wer sie sind. Nicht die Geschichte ihres Lebens, sondern die symphonische Musik, die es spielt... Sie gewöhnt sich an die dominierenden Töne, die ihren Klang mit dem ihren vereinen.

Genauso wie es eine Genetik des Körpers gibt, gibt es auch eine Genetik der Seele. Schon die ersten Wochen nach der Konzeption schmiegen sich die Auren derer, die sich zwecks Gründung einer Familie vereint haben, eng aneinander und verhalten sich dann wie miteinander kommunizierende Röhren. Bis jetzt haben wir dieses Phänomen noch nie genau beobachten können. Und wir stellen fest, daß bei diesen Wesen, die sich lieben und die ihrem Willen eine gleiche Richtung geben, die Strahlungen der feinstofflichen Körper wie weitreichende Erinnerungen, wie, um einen modernen Begriff zu benutzen, richtige »Datenbanken« sind.

Das Licht, das die Aura eines Körpers bildet, ist vergleichbar mit einer Myriade von Zellen, die sich, je nach Affinität, zusammenschließen, bis sie eine energetische Masse mit einer bestimmten Dichte, einem bestimmten Umfang und auch einer bestimmten Farbe bilden. Sie sind es auch, die die Grundeigenschaften des Temperaments, die Art der Sensibilität und selbst die Rauheit einer Seele mit sich bringen. Sie stellen, ungeachtet jeder Erziehung oder anderer Hindernisse, die Linien authentischer Abstammung dar. Wir müssen uns klar darüber sein, daß die verschiedenen Komponenten der Seele eine ebenso präzise Sprache sprechen wie die des Körpers.

Nicht weit von unseren Blicken, die die Schönheit dieses Augenblicks genießen, läßt sich Rebekka weitertragen von dem Lichtkreis des Paares, das nun mit einem etwas eiligeren Schritt eine etwas weniger bevölkerte Gasse entlanggeht.

Wir haben den Eindruck — aber vielleicht hängt dies auch nur mit der Nähe der Erdstrahlung zusammen —, als sei unsere Freundin anders als noch vor wenigen Augenblicken. Sie erweckt in uns das Gefühl, als habe sie in Windeseile und voller Gier ein dickes Buch verschlungen, was ihre Sicht der Dinge verändert habe. So hat Rebekkas Lichtkörper nun eine sanfte Rosafärbung angenommen, einen Farbton, der auch seit wenigen Augenblicken um ihre Eltern schwebt, die nun eng umschlungen ihres Weges gehen. Er empfindet ihre Freude und schließt sich ihr an, er versteht ihre Sinnlichkeit und nimmt sie in sich auf, vielleicht als eine Erinnerung an ein zärtliches Umarmen. Gewisse nostalgische Gefühle sind manchmal mit solchen Augenblicken verbunden, in denen alles so einfach und fast banal und gleichzeitig doch so klar und leuchtend ist.

»Nein, da nicht...«

Rebekkas Stimme überrascht uns plötzlich mit diesem Ausruf. Ihre Worte klingen in uns wie eine kleine Beschwerde.

Wir verstehen auch recht schnell: Wenige Schritte vor dem Paar ziehen aggressiv gelbe Reklameschilder den Blick an; ihre Sprache ist deutlich. Es handelt sich um einen dieser Orte, wo man schnell etwas zu sich nehmen kann und wo man, in der Regel, an einer Theke mit

Pappbechern, Strohhalmen und Automaten mit undefinierbaren Getränken sitzt...

Auch wir sind jetzt dort; Rebekkas Eltern haben die Tür aufgestoßen, und wir spüren fast unmerklich, wie sich die Atome in den Partikeln unserer Lichtkörper langsam verschließen, während diese Körper bereits danach Ausschau halten, wo sie Zuflucht finden könnten.

Unsere Freundin schließt ihre Augen, und ihre Umrisse verblassen ein wenig. Wir spüren, daß etwas von ihr ausgeht, das einem Atemzug ähnelt; es handelt sich um etwas, das stoßweise nach Luft ringt, wie ein Herz, das leidet und fast gegen seinen Willen schlägt.

»Nein, das darf nicht sein...«, dringt es durch das überlaute Dröhnen der dumpfen Musik zu uns. Dieses Mal haben wir das klare Gefühl, daß sich diese Worte an uns richten. Rebekka weiß, daß wir da sind; zumindest hat sie es gespürt und gewünscht, und jetzt sucht sie uns mit ihrem Blick wie ein Tier, das im Wind etwas zu wittern sucht.

So... jetzt sind unsere drei Seelen wieder vereint und plaudern unter Lachen nur wenige Schritte von dem Paar entfernt, das sich nur mit Mühe einen Weg bahnen konnte zu zwei Barhockern aus rotem Metall.

»Sie hätten nicht hierherkommen sollen... alles ist zu dicht und zu schwer für mich! Würden sie doch nur ein bißchen auf mich hören... dabei habe ich es ihnen gesagt... Es gibt Seelen, die hierherkommen können, aber ich nicht... Ich kenne nichts von dieser Welt... Alle Bilder, die ich davon gesehen habe, sind so blaß neben dieser Wirklichkeit. Diesen Lärm hier empfinde ich wie Schläge, und dann all diese Formen...«

Wir können dazu nur wenig sagen, denn auch wir sind von der betäubenden Atmosphäre dieses Ortes gefangen und wie erstickt, was sich dadurch erklärt, daß wir unsere physischen Körper weit hinter uns gelassen haben und diese somit nicht als Puffer dienen können.

Und doch, was gibt es heute Banaleres als diese verqualmte Atmosphäre eines »Fastfood« mit seinen Tabletts voller Hamburger und Ketchup?

Es gibt sicherlich ganz banale Dinge, die die Seele dermaßen verletzen können, daß diese sich einen noch dickeren Panzer schaffen muß... um zu vergessen und um ihre Widerstandsreaktionen zu reduzieren.

An einem solchen Ort fühlt sich unser astrales Bewußtsein regelrecht von Tönen durchbohrt, die es wie eine ununterbrochene Folge von heftigen Angriffen empfindet: Es sind dies die traurigen, geistlosen, übertriebenen und wirren Gedanken, hingeworfene Lebenskonzepte der Besucher eines solchen Ortes.

Wir können diese Gedanken sehr gut sehen. Sie waren auch die Ursache von Rebekkas Angstreaktion und von ihrer Trennung vom Lichtschein ihrer Eltern. Für unsere Freundin sind diese nun schon sehr weit weg und nur noch zwei Formen, die von einem Dasein verschlungen wurden, von dem sie keine Ahnung hat. Aber sie haben Rebekkas Dasein auch vergessen... und dabei wollte sie ihnen so viel davon erzählen.

»Schaut mal«, meint sie, »man sieht nur noch Nebel.

Ich sehe nichts mehr als diese schweren Massen an Licht ohne jedes Leben.«

Wir versuchen innerlich zu verstehen, was Rebekka sagen will. Sie macht sicherlich eine Anspielung an die Gedankenformen, die im Restaurant umherschwirren und die aus den Körpern entweichen, um schnellstens einen anderen wieder einzunehmen. Um sie deutlich zu sehen, muß unser Blick eine gewisse Auswahl treffen, denn er ist angezogen von dem seltsamen Anschwellen der Atome der Materie. Aber ganz unten in einer Ecke in der Nähe der Theke, inmitten dieses Nebels aus Menschenseelen, bemerken wir eine dichtere, strukturiertere Form, die sich von den anderen durch ihre Festigkeit unterscheidet.

Auch Rebekka hat diese Form bemerkt und während unsere Freundin sich an unseren Astralkörper wie an einen Schild klammert, nähern wir ihr uns alle drei. Und wir entdecken die zerbrechliche Silhouette eines Mannes; sein Gesicht ist sichtlich abgemagert, und seine Züge scheinen wie versteinert. Aus einem langen grauen Regenmantel schaut eine Hand heraus, die lässig die Kante einer Registrierkasse streichelt.

Es ist uns klar, daß es in diesem Körper kein Leben mehr gibt ... es ist eine Maske, nur noch die ätherische und beunruhigende Hülle eines Wesens, das offenbar ganze Tage hier, an die Theke gelehnt, verbracht hatte, bevor es diese Erde verließ. Sein Abbild bleibt noch wie ein Automat, der immer wieder die gleichen, nunmehr sinnlosen Bewegungen macht. Wir wissen, daß es von selbst sich eines Tages auflösen wird. Seine Partikel werden sich dann in die Vitalebenen integrieren, sobald die Seele, die es belebte, leichter geworden ist und irgendwo im Licht ihre wahre Bleibe gefunden hat ...

»Ein neuer Anstrich hier wäre kein Luxus!« schießt es uns durch den Kopf.

Unsere Reaktion läßt Rebekka lauthals lachen. Sie erscheint vor uns, ein wenig in sich selbst zusammengesunken, aber ihr Blick ist wieder leuchtender als noch vor wenigen Augenblicken.

»Ich muß mich einfach daran gewöhnen«, meint sie etwas aufgeregt, »ich muß einfach ... Es ist nun einmal ihre Welt, und ich bin entschlossen, sie in allem zu akzeptieren; vielleicht ist sie auch gar nicht schlimmer als meine!

Mir wäre es natürlich lieber gewesen, ein bißchen mehr Zeit zu haben ... Ich bin wie ein U-Boot, das gerade seine Sauerstoffreserven aufgefüllt hat und das sofort auf Tauchkurs gehen muß! Natürlich ist es auch meine Aufgabe, mich nicht verletzen zu lassen und genügend Reserven zu haben, wenn ich zu ihnen gehe, nur müßten sie für mich Nischen einrichten, Ufer ansteuern, an denen wir uns dann treffen könnten. Ich sage dies vor allem für meinen Vater. Als ich soeben aus dem Strom seines Herzens trank, merkte ich, daß er noch nicht richtig versteht. Ich will damit sagen ... er ist noch nicht schwanger ... Er beobachtet und ist zufrieden ... aber nur, weil er so ein wenig mehr der Masse ähnelt, weil er sich mehr mit einem Vorbild, nämlich dem eines Vaters, identifizieren kann.

Und doch ist dies nicht das Wahre! Ich muß es einfach

schaffen, dies ihm eines Tages klarzumachen ... Ich habe keine Lust, in einer alten Familie auf die Welt zu kommen, wo man Kinder macht, weil man welche haben muß. Bald wird mein künftiger Körper seine männliche Energie benötigen. Vielleicht meint er auch, daß meine Mutter allein ihm das geben wird, was er braucht! In Wirklichkeit werden dank seiner Liebe und seiner Verfügbarkeit seine verschiedenen Körper die rechte Seite meines Körpers richtig polarisieren. Und wenn dies nicht leicht über die Bühne geht, muß ich eine Lösung finden, denn sonst werde ich sicherlich gewiß einige Schwierigkeiten haben, mich in bestimmten, ganz konkreten Situationen zu behaupten.

Ihr dürft aber nicht vergessen, daß nicht nur die Planeten und der Fundus meiner Seele mein Temperament bestimmen und meinen Charakter weben – daneben gibt es auch das Liebesbewußtsein meiner Eltern; und dies ist alles andere als eine Maschine! Beide müssen sich mir öffnen und mich erwarten, wenn sie vermeiden wollen, daß ich mich herumschlage oder daß ich den Rücken krumm mache, bevor ich in ihren Armen ankomme. Wir sind in der Beziehung alle gleich, wenn wir wieder auf die Erde zurückkehren.

Ich möchte aber auch nicht, daß sie etwas Außergewöhnliches erwarten oder daß sie nun jeden Augenblick ihrer Existenz überwachen, um keinen Fehltritt zu tun. Das Leben ist einfach anders, und die Schwangerschaft ist keine Krankheit ... Ich möchte nur, daß sie ihr Bewußtsein ein wenig öffnen, daß beide es öffnen und daß sie verstehen, daß sie mich sowohl mit ihren Gedanken als auch mit ihren Körpern schaffen und mir helfen, mich zu finden!«

»Sich finden«, das ist genau das Schlüsselwort. Wir nehmen es tief in unserem Herzen auf und unterstreichen es heute mit all unserer Kraft ... Der Bauunternehmer ist der Baustoff, und der Baustoff wird seinerseits zum Handwerker, wenn man in ihm nur eine einzige Kraft sehen will. Und so lernt das Leben, sich in jedem zu finden.

KAPITEL III

Dezember

17.15 Uhr . . .

Auf der anderen Seite eines kleinen, makellosen Tunnels, in den sich unsere Blicke wie in ein Teleskop versenken, zählt eine Wanduhr mit riesigen roten und blauen Zahlen die Minuten in ruckartigen Bewegungen.

Sodann verbreitet sich unser Gesichtsfeld, und unser von der auf Erden herrschenden Zeitvorstellung so sehr geprägtes Bewußtsein taucht ganz in das etwas kalte Licht einer riesigen Küche. Wände und Möbel sind weiß oder fast weiß, einzige Ausnahme bilden die Türknöpfe oder ein feiner roter Zierstreifen. In einer Ecke steht eine Art Büfett und darauf ein riesiger Radioempfänger, dessen rhythmische Musik die kühle Atmosphäre dieses Labors etwas aufwärmt. Eine junge Frau hält sich in seiner Nähe auf. Sie ist bekleidet mit einem langen, rosaroten Pullover, der ihr auf raffinierte Weise zu groß ist, und sie ist dabei, Schachteln auszupacken, die buntgemischt in mehreren Plastiksäcken neben ihr liegen.

»Gestern hatte ich Angst, mich in sie gleiten zu lassen . . .«

Rebekkas Anwesenheit hat uns bis zu diesem Ort geführt. Ihre Umrisse neben uns werden nun immer dichter und ihr Blick, mit einem kleinen Akzent von Traurigkeit, bestätigt uns dieses Rendezvous, das unsere Herzen genommen hatten.

»Ja, seit unserer letzten Begegnung habe ich eine gewisse Angst... Meine Erinnerung hat in mir wieder ein Gefühl wachgerufen, das ich vollkommen vergessen hatte, nämlich das der Einsamkeit. Langsam stieg es in mir wieder hoch, als ich wirklich den Sinn meines Weggehens von hier verstanden hatte... Bis jetzt war ja alles eher reine Euphorie, wie ihr wißt... und dann plötzlich wie eine Welle, die vom Grunde eines Meeres aufsteigt, diese Erkenntnis, die so schwer zu ertragen ist und die alles mit sich gerissen hat. Dieser Umstand ist besonders schrecklich, weil meine Mutter ihrerseits nun jeden Tag fröhlicher wird. Gegenwärtig ist sie ernsthaft dabei, für mich einen passenden Vornamen auszusuchen.

»Aber gibt es einen, den du dir besonders wünschst?«

»Natürlich! Es gibt einen Namen, den ich schon seit langem in mir trage. Und dies ist der Name, den ich auf jeden Fall haben werde... es sei denn, meine Eltern sind wirklich taub, wenn ich ihnen meinen Vorschlag nachts im Schlaf einflüstere.«

»Und dieser Name ist...?«

Rebekka lächelt und schaut uns mit diesem für Kinder so typischen Blick seltsamer Verlegenheit an. In Wirklichkeit scheint irgendeine Veränderung mit ihr vor sich zu gehen, etwas wie eine sonderbare Mischung aus Alter und Jugend, aus Weisheit und innerer Unruhe...

»Nein, das kann ich noch nicht. Dies wäre vergleichbar mit einer ganz plötzlichen Öffnung meinerseits. Ihr müßt verstehen, daß ein Name und ein Vorname nicht ohne Bedeutung sind. Man hat mich dies zwar gelehrt, aber ich spüre erst jetzt, wie wahr dies ist. Es ist wie eine Art Musik, die für mich und für diejenigen, denen ich im Laufe der Jahre begegnen werde, spielen wird. Eine Musik, die ein wenig die Tiefe meines Herzens und seine Geheimnisse besingen wird, die aber auch ihrerseits mein Herz auf ihre Art formen wird ... Jetzt erst können die Menschen verstehen ... Sie nähern sich nun der Welt der Schwingungen.«

Auf der anderen Seite des Lebens, in der großen Küche, ist die junge Frau noch immer dabei, einige Pakete sorgfältig hinter den weißen Türen ihrer Möbel aufzuräumen. Sie summt leise den Rhythmus der Melodie, die aus dem Radio kommt, und jede Note, die aus ihrer Kehle steigt, bildet um sie herum einen kleinen Strom von sanftem Blau.

»Du weißt sehr wohl, Rebekka, daß nicht die Situation, wie du sie erlebst, den Eindruck von Kälte oder Wärme in deiner Seele hervorruft, sondern lediglich der Blick, mit dem du diese Situation erfaßt.«

»Ich bitte um Entschuldigung ... ich bin dabei, dieses Leben so zu beginnen wie so viele andere vor mir, wenn ich nicht aufpasse. In unserem Wesen gibt es dieses Schutzsystem, das alles daransetzt, möglichst viele Wahrheiten zu verschleiern! Ich aber möchte geboren werden in vollem Bewußtsein dessen, was ich gelernt habe ... Erinnert mich daran, sooft ihr nur könnt. Alles, was von der Erde ausgeht, ist vollgestopft mit den Ängsten der Menschen, mit ihren Inhibitionen und ihren egoistischen

Verhaltensmustern. Und die Seelen, die sich wieder inkarnieren, erfahren dies in voller Stärke; diese Elemente können sie so leicht prägen, weil sie im Grunde nur ihre Erinnerungen und ihre Schwächen wieder erwecken.

Heute bin ich arm dran, denn es gibt Löcher in meinem Herzen, die für mich wie Abgründe sind, denn die Nähe dieses Körpers, der hier unter einem Bleigewicht entsteht, läßt mich erneut das Mehr oder Weniger auskosten. Ich merke ganz genau, daß die Polarität ihre ersten Spuren in mir hinterläßt. Einerseits gibt es da die Welt und andererseits komme ich in diese Welt zurück; und ich fühle mich ganz allein, denn irgend etwas treibt mich dazu, eine Spur von mir hinterlassen zu wollen, die schöner und vollkommener sein soll als die frühere. Diese Einsamkeit ist im Grunde der Stolz derer, die wieder auf Erden zurückkehren und die meinen, von ihrem ›Ich‹ sprechen zu müssen, um so zu unterstreichen, *wer* sie sein wollen.

Meine Angst und meine Traurigkeit sind... wie soll ich dies euch erklären... sind das Bewußtsein meines Unterbewußtseins, sind die Vision meiner Unfähigkeit, die Einheit zwischen dem Kosmos und mir aufrechtzuerhalten.

Deswegen fühle ich mich unwohl, wenn ich sehe oder spüre, daß meine Eltern Orte aufsuchen, wo die verschiedenen Formen des Ichs erkennbar werden und sich gegenseitig bekämpfen.

So gewinnt das Gefühl von Getrenntsein immer mehr an Boden in mir und wirft sein Licht auf die Schwächen meiner Seele ... Es schmerzt mich da, wo ich früher verletzt wurde ... und ich finde wir leiden alle unter der gleichen Wunde, wenn wir sterben und wenn wir geboren werden. Wir lieben uns nicht, und wir verzeihen uns nicht.

Die Tatsache meiner Wiedergeburt läßt in mir wieder schwierige Situationen meiner Vergangenheit aufsteigen, die ich unbedingt vergessen wollte; sie erinnert mich an Wunden, die ich sowohl anderen als auch mir selbst zugefügt habe. Ich lese erneut einige Kapitel aus meinem eigenen Lebensbuch, die mir um so schmerzlicher erscheinen, je größer meine Absichten sind. Sagt dies bitte allen Eltern, denn sie müssen dies wissen! Die Seele, die sie gebären, ist keine Jungfrau mehr, sondern eine sehr lebendige Erinnerung; und über deren Tränen dürfen sie sich nicht wundern. Es sind dies die Tränen der Einsicht, die nach Liebe und Verständnis verlangen, denn nur so können sie deren Schmerz lindern.

Ich spüre heute ganz genau, daß ich wie alle anderen bin ... vielleicht fühle ich mich auch deswegen so alleine. ›Alleine ist der, der sich einzig glaubt!‹ Wie deutlich mir heute diese Wirklichkeit als selbstverständlich vorkommt!

Ich habe viele Freunde, die ich als meine Brüder ansehe, und wie ich sind sie im Augenblick dabei, eine Körperform anzunehmen. Auch wenn sie nicht unbedingt das gleiche Verständnis wie ich aufweisen noch meine Form von Empfindsamkeit haben, so weiß ich doch, daß sie ebenfalls diesen dumpfen Schmerz der gleichen Einsamkeit verspüren. Seit wir uns das letzte Mal gesehen haben, hatte ich Gelegenheit, einige von ihnen zu treffen, und wir haben uns ausgiebig unterhalten. Ich konnte dabei feststellen, daß wir alle ungefähr die gleichen Phasen von toller Begeisterung und tiefer Niedergeschlagenheit gegenüber diesen Föten empfinden, die im Grunde bereits dermaßen ein Teil von uns sind, aber auch diesen Eltern gegenüber, deren Ohr der Seele unserem Empfinden nach oft fest verschlossen ist.

Nach Aussagen eines unserer Meister, der an dieser Unterhaltung teilnahm, erklärten sich diese Phasen zum großen Teil durch den ständig größer werdenden und kreisförmig sich ausbreitenden Einfluß der vier festen Elemente der Natur auf den Fötus. So wurde es uns zum Beispiel klar, daß die dem Wasser innewohnende Lebenskraft, die sich aus einer Unmenge untereinander verschiedener kleiner Seelen zusammensetzt, vom Ende des zweiten Monats an wesentlich stärker auf einen Fötus einzuwirken beginnt. Es ist schon eigenartig, daß der Einfluß des Wassers symbolisch Wellenbewegungen suggeriert, die nicht ohne Beziehung sind zu den Gefühlswallungen, denen die künftig Inkarnierten unterliegen. Dies äußert sich notwendigerweise als eine Form des Ego, und ich muß zugeben, daß diese Einsamkeit, die wir alle einmal empfinden, auch eine solche Form des Ichs ist ...

›Alleine ist der, der sich einzig glaubt ...‹ Diesen Satz, den meine Freunde mit so tiefer Bedeutung versehen konnten, werde ich in meinem Innersten eingravieren. Der Stolz führt zur Isolation; er macht aus uns, egal, ob wir bereits auf der Erde sind oder auch noch in der Zwischenwelt, Sonnen, die statt zu geben eher an sich ziehen wollen...«

»Aber es gab doch, Rebekka, in deiner Stimme kein Zaudern, als du den Wunsch aussprachst, daß deine zukünftigen Eltern dir ein wenig mehr zuhören sollten...«

»Ich wünsche innigst, daß sie meine Seele hören und daß sie meine Anwesenheit um sie herum ebenso deutlich und sogar noch deutlicher spüren könnten als dank der Rundungen eines schwangeren Bauches. Ich wünsche mir auch so sehr, daß sie etwas von meiner Sensibilität mitbekommen, und daß sie mich eher als eine Freundin auf dem Nachhauseweg ansehen als einen einmaligen Schatz, den sie geschaffen haben! Und ich möchte so sehr, daß sie nicht mehr ihre geheimen Ängste und ihre irren Hoffnungen auf mich projizieren. Sollten sie dies nicht einsehen, verhindern sie vollkommen meine Entwicklung zu einem eigenen Selbst!

Versucht bitte, meinem Gedanken zu folgen, denn was ich euch zu sagen habe, ist nicht ganz leicht zu vermitteln. Ich entdecke fast jedes Element nämlich erst in dem Augenblick, wo ich euch davon erzähle.

Kommt jetzt mal neben mich – schaut euch meine Mutter an... und ihr werdet eher verstehen, was ich empfinde...«

Ein Lächeln genügt, um die dunklen Wolken aus Rebekkas Augen zu verbannen. Ein Lächeln wie ein Seufzer der Erleichterung...

Vereint in einer einzigen Kraft, die nur lieben und lernen möchte, lassen wir drei den Körper unserer Seele aus der großen, weißen Küche hinausgleiten. Wir erinnern uns, daß es ganz in der Nähe des Schlafzimmers einen kleinen Salon gab, mit einem großen, eindrucksvollen Ledersessel und einem Telefon auf einem kleinen Tisch aus Rauchglas. Dieser Ort zieht uns an, und wir wissen bereits intuitiv, daß sich Rebekkas Mutter hier aufhält, um einige ruhige Augenblicke zu genießen. Mit gekreuzten Beinen sitzt sie wie ein Schneider im Sessel und strickt mit so schnellen Bewegungen, daß man unweigerlich an ein Nagetier denken muß, das aus Wollfäden flink sein Nest zusammenbaut. Wir spüren, daß sie ganz nach innen gekehrt ist und daß sie sich kaum um die Nachrichten kümmert, die das Radio zwischen zwei Werbespots verbreitet. Die auf dem Teppichboden herumliegenden Zeitschriften und die gelben und weißen Wollknäuel erwecken einen Eindruck von lässiger Entspannung.

»Schaut mal«, meint Rebekka ganz leise, »so mag ich sie. Sie ist so schön... Früher machte sie so etwas nicht; ich weiß, daß sie nie strickte! Heute möchte ich mit ihr reden, ihr sagen, daß dies alles schön und gut ist, aber vielleicht auch anders sein könnte... Ich mag euch vielleicht anspruchsvoll erscheinen, aber ich möchte ihr so sehr sagen, sie solle doch endlich aufhören, das kleine Mädchen zu spielen, das Kleider für seine Puppe strickt. Ich möchte ihr sagen, daß ich in ihrem Herzen gelesen habe und daß dieses mich erwartet, so wie man ein Spielzeug erwartet.«

»Du müßtest aber wissen, Rebekka, daß dieses Gefühl ganz neu für ihre Seele ist. Du kannst von ihr nicht verlangen, bereits eine in jeder Beziehung vollkommen bewußte Mutter zu sein.«

Unsere Freundin antwortet kein Wort, und so, als gebe sie sich einer plötzlichen Träumerei hin, bewegt sie die weichen und lichtreichen Formen ihres Körpers zum Sessel hin, um dort mit der bläulichen Aura der jungen Frau zu verschmelzen. Sicherlich hat diese etwas bemerkt, denn ihre hastigen Gesten halten plötzlich inne, und sie blickt auf, als wolle sie ihren Blick einer neuen Wirklichkeit zuwenden.

Rebekka, deren Blick sich nicht von ihrer Mutter abgewandt hat, bricht in lautes Lachen aus ... und ihr Lachen ist das eines Kindes, das sich über einen gelungenen Streich amüsiert, immer noch sitzt sie inmitten des feinen, ätherischen Rauschens der Zeitschriftenblätter, dreht sich aber nun in unsere Richtung und meint mit einem siegreichen Lächeln: »Seht ihr, jetzt weiß sie, daß ich da bin! Ich liebe sie! Ich liebe sie wirklich! Vielleicht kann ich jetzt mit ihr reden!«

Währenddessen hat Rebekkas junge Mutter ganz ruhig ihren Blick wieder gesenkt und ihre Hände haben den mechanischen Rhythmus des Strickens wiederaufgenommen. Ein Augenblick voller Magie ist verstrichen ... wie ein goldener Tropfen auf dem Mantel der Zeit.

»Das macht nichts ... ich weiß, daß sie mich gespürt hat, daß sie dazu fähig ist. Sie muß nur in sich diese Leere verspüren ... nicht das Nichts, sondern diese heilige Bereitschaft, die immer dann sich bemerkbar macht, wenn man etwas nicht mehr selbst will, sondern wenn man dem Leben zu wollen erlaubt. Genau diese Augenblicke müssen wir beide suchen!

Denn so werde ich immer weniger ihr neues Spielzeug sein. Denn so wird sie verstehen, daß sie nicht etwas schafft, das ihr gehört, sondern daß lediglich eine Welle voller Leben über sie kommen wird.

Ich möchte, liebe Freunde, daß ihr allen Eltern, die euer Buch lesen werden, folgendes versucht klarzumachen: Auch wenn sie neun Monate lang eine Hülle schaffen, in die dann eine Seele schlüpfen wird, dürfen sie sich doch nicht in der Zielsetzung des Ganzen irren. Genauso wie sie einen neuen Körper schaffen, arbeiten sie gleichzeitig an sich selbst. Das Kind ist ein Stein mehr am Bauwerk ihres Inneren, ein Stein, der ihnen erlaubt, ihr Bewußtsein mehr zu fordern und mehr zu verfeinern. Wenn man dies so darlegt, ist alles ganz klar. Aber seit meiner letzten Inkarnation wurde mir bewußt, wie wenig Frauen und Männer dies wirklich akzeptieren. Es geht hier nicht einfach um solche Ausrufe wie: ›Ach, ist das wunderbar! Dieses gegenseitige Austauschen läßt uns größer werden!‹ Es geht hier um mehr!

Diese flache und bürgerliche Bemerkung habe ich nur zu oft auf Erden gehört. Aber es geht vielmehr darum, wirklich zu verstehen, daß dieses Austauschen, dieses gegenseitige Wachsen weiter geht als ein nur oberflächliches und dazu meist automatisches Anerkennen dieser Tatsache. Ich möchte, daß meine Eltern wissen, daß die Ankunft ihres Kindes in erster Linie die Rückkehr eines Wesens bedeutet, das bereits einen gutgefüllten Rucksack auf dem Rücken hat, dem sie natürlich einige Wegrichtungen angeben müssen, das aber gleichzeitig die Rolle hat, ihre Erinnerung etwas aufzufrischen, ihre eigenen Fehler aufzuzeigen und ihre Blockade, aus alten, festgefahrenen Problemkreisen zu lösen.«

Im Zimmer nebenan nimmt das Radio plötzlich an Lautstärke zu. Auf den Nachrichtensprecher folgt die harte und abgehackte Musik einer sicherlich bekannten Gruppe... denn Rebekkas junge Mutter begleitet ganz spontan den Rhythmus mit ihrer klaren Stimme.

Die Unterhaltung mit unserer Freundin, die eine etwas ernstere Form angenommen hätte, schlägt plötzlich um, als sie äußerst amüsiert meint: »Wie kann man nur so kreischende Musik mögen? Und es sieht so aus, als würde ich sie ebenfalls mögen! Auf jeden Fall kann ich solchen Klängen nicht ausweichen, ich muß mit ihnen zurechtkommen! Aber was mir regelrecht angst macht oder mich sogar verletzt, sind diese extrem hohen oder tiefen Töne... Jedesmal — und glaubt mir, was ich euch jetzt erzähle, ist nicht nur ein subjektiver Eindruck — jedesmal, wenn ich im Leib meiner Mutter diese Art von Musik hörte, spürte ich ganz genau, wie diese auf die Zellen meines ätherischen Körpers negativ einwirkte. Ich verspürte sogar hinter den ganz tiefen Tönen eine schmutziggelbliche Welle, die nach und nach meine noch sehr empfindlichen Nadis erfaßte. Aber vor allem stört mich, dieser abgehackte Rhythmus — ein Musiker würde eher von einem binären Rhythmus sprechen — der wie ein kleines Erdbeben alle Ebenen erschüttert, auf denen mein Körper sich bildet. Und jedesmal empfand ich dies wie ein Durcheinanderwirbeln meines Körpers, wie eine unangenehme Überfülle meines Bewußtseins, verbunden mit einem Gefühl von Ersticken, was, so hat man mir erklärt, einer energetischen Sättigung des Umfeldes gewisser Chakren, namentlich des vierten, entsprechen soll.

Wenn wir wieder auf die Erde zurückkommen, suchen wir alle, selbst die gröbsten Wesen unter uns, eine gewisse Sanftheit. Aber man drängt uns oft das Gegenteil auf; dies ist so, als verbreite man Militärmusik an einem Ort, wo Menschen sterben! Die binären Rhythmen spiegeln die Dualität dieser Welt wider. Nur haben wir da, wo wir herkommen, die Lust darauf verloren... darum, bitte, läßt uns diese Dualität nicht so schnell und so aufdringlich wiederfinden! Und dann ist da noch...«

Rebekka hat sich zwischen den Zeitschriften erhoben und macht mit ihrem Arm eine weite und langsame Bewegung, als wolle sie die Aura ihrer Mutter erfassen. Und wir sehen ganz deutlich, was unsere Freundin uns zeigen wollte: Glanzlose ganz dichte Massen scheinen sich, nach und nach ins Umfeld der feinstofflichen Strahlung der jungen Frau drücken zu wollen. Man hat den Eindruck, als wolle sich hier eine Art Panzer um den Körper legen, um diesen von der übrigen Welt zu isolieren.

»Seht ihr«, meinte Rebekka leise, indem sie sich entfernte, »auch dies macht für mich gewisse Dinge so schwierig. Als Reaktion auf diesen Rhythmus sendet ihr zweiter Plexus eine Welle aus eine Art Gegengift oder Schutzpanzer, um so die winzig kleinen Breschen, die sich in ihrem feinstofflichen Körper auftun, zu schließen. Es handelt sich um eine Art Absonderung des Lichtkörpers als Schutz gegen eine bestimmte Form von Aggression. Nur ist ein Panzer kein Filter, er schützt gegen alles ... und es ist für mich, als entferne sich meine Mutter von mir. Ich kann mich nicht mehr in ihr Inneres schleichen, mich nicht mehr mit ihr unterhalten, und auch sie hat keine Möglichkeit mehr, mit mir in Verbindung zu treten ...«

Auf der anderen Seite der Wohnung fällt eine Tür laut ins Schloß, was auf uns wie eine Explosion wirkt, deren Blitz uns umgehend ins Herz der weißen Spirale zurückbefördert. Ohne es zu wollen, befinden wir uns wieder in unserer Schleuse. Und Rebekka ist auch da, schweigsam, uns vielleicht näher in dieser Art von Zufluchtsort, wo die Seele empfindlicher und offener denn je ist.

Und um uns herum scheint es, als gäbe es tausend Sonnen, die das Leben besingen. Rebekka zuckt leicht zusammen, und unsere Blicke kreuzen sich, als ob sie sagen wollten: »Kommen wir zum Wesentlichen, denn dort müssen wir hin ...«

»Ich habe Angst, irgendwo hängenzubleiben«, flüstert sie nur. »Sobald ich mich der Erde nähere, fürchte ich, daß ihr Netz mich mein Ziel vergessen lassen kann ...«

»Es ist nicht ihr Netz, sondern deines ... unseres, unser aller Netz! Du weißt doch sehr wohl, daß du in das Meer menschlichen Denkens gleitest. Diese Wasser sind trübe, denn dort denkt man in Begriffen wie Wettbewerbsfähigkeit, Warenaustausch, Schwarz und Weiß ... Oft fragt man dich: ›Wo bist du geboren und was besitzest du?‹ Aber nur äußerst selten will man wissen: ›Wer bist du wirklich oder was möchtest du sein?‹ Solange du nicht inkarniert bist – haben wir zumindest den Eindruck –, mußt du einen tiefen Zug reiner Luft einatmen, um so das Wesentliche in deinem Lebenszentrum zu bewahren und es nicht in kleinen Fetzen zu verlieren.«

»Meine Freunde haben mir immer geraten, mein Bewußtsein um jeden Preis bis zum Ende zu bewahren. Sollte dieses nichts von reinem Gehalt beim letzten Niedersteigen in den Körper verlieren, dann habe ich berechtigte Hoffnung, meinen Weg mit einem wahren Scheinwerfer in mir gehen zu können. Ihr hindert mich ja daran einzuschlafen, nicht wahr? Hindert mich ebenfalls daran, die Dinge zu werten ... ich möchte nicht mit den Maschen des Netzes spielen!«

»Wie verlief der heutige Tag? Machte er dich größer?«

Am anderen Ende unseres Tunnels aus lebendigem Licht erschallt eine laute Stimme. Sie strahlt etwas Frohes und Leichtes aus, das uns ruft und in uns diesen Wunsch nach Entdecken erweckt ... Ihr Ton ist ein so mächtiger Ruf, daß wir uns wieder im Herzen der Wohnung befinden. Einen kurzen Augenblick müssen wir gegen die aufsteigende Übelkeit ankämpfen und gegen den Eindruck, den ja auch Rebekka mit uns teilt, einen schweren Mantel überzuziehen. Und dann nichts mehr, nicht mehr die geringste Falte in unserem Herzen ... Um uns herum erneut der schon beschriebene Salon mit seiner Menge an Zeitschriften auf dem Teppichboden. Auf einer der Sessellehnen zeichnet sich jetzt die fast dürre Silhouette eines Mannes mit einer Veloursjacke ab. Eine seiner Hände streicht wie amüsiert durch die Haare der jungen Frau, die ihr Strickzeug vor sich hin gelegt hat ...

und immer noch redet, singt und überschüttet uns das Radio mit seinem Musikschwall!

Wir kennen diesen Mann und haben das Gefühl, im Kontakt mit ihm eine unmittelbare Freundschaft zu verspüren, die aus einer Art unerwarteter Komplizenhaftigkeit erwachsen ist. Vielleicht erfassen wir auch etwas von dieser so überempfindlichen Sensibilität, die für Rebekka so typisch ist. In der Tat berühren sich manchmal unsere Seelen in einem winzigen Augenblick ...

Einige Augenblicke verstreichen schweigend im Regenbogenlicht, und wir beginnen zu spüren, daß Rebekkas Emotionen in unseren Adern fließt. Sie ist glücklich und ängstlich zugleich, innerlich heiter, aber auch ungeduldig.

Das Paar tauscht nun ein paar Banalitäten aus, die sehr schnell auf großen Flügeln aus unserer Erinnerung fliegen. Was uns allerdings beeindruckt, ist die Verschmelzung beider Auren. Wer sich zwei wolkenartige Massen von Pastellfarbe vorstellen kann, die sich verformen und sich gegenseitig ineinanderschieben, um schließlich nur noch eins zu sein, der hat sich diesem Bild von Zärtlichkeit genähert, das vor unseren Augen entsteht.

Mitten in diese Harmonie fällt plötzlich ein weißer Blitz, wie man ihn vom blendenden Sonnenspiel auf einer Glasscherbe her kennt.

»Du wirst jetzt lachen«, wandte sich plötzlich die junge Frau an ihren Mann, »ich hatte gerade, vor ein paar Minuten, ein eigenartiges Gefühl. Ich hatte den Eindruck, nicht alleine zu sein ... ich weiß nicht genau ...

Es wär so, als wäre *er* da und hörte uns zu! Ein bißchen irre, meinst du nicht?«

Während sie so spricht, streicht Rebekkas Mutter mit ihrer Hand leicht über ihren Bauch.

»Glaubst du, daß so etwas möglich ist? Einige behaupten dies ja!«

»Keine Ahnung . . . es wird ja so viel behauptet. Es wäre schon ein bißchen irre . . .«

Der Mann sagt dies mit einem leichten Lächeln, aber man hat den Eindruck, als sei er ein wenig geniert, so als habe man ihn gebeten, einen kleinen, intimen Winkel seines Herzens offenzulegen.

»Du Idiot!« bricht es aus Rebekka heraus, während ihr Gesicht Trotz und Unmut widerspiegelt . . . »Hört euch das an; bald wird er noch verkünden, daß ich gar nicht lebe!«

Trotz des Ernstes der Situation können wir ein Lächeln nicht unterdrücken. Die Spontaneität unserer Freundin hatte etwas so Rührendes an sich, daß damit der Situation jede Dramatik genommen wird.

»Ich werde dir das Gegenteil beweisen, Thomas . . .«

Diesen Satz hat Rebekka sehr ruhig und gelassen ausgesprochen, und wir spüren, daß er aus ihrer tiefsten Seele kam.

»Warum nennst du ihn Thomas? So heißt er doch gar nicht.«

Unsere Blicke begegnen sich und tasten sich erneut gegenseitig ab. Wir haben den Eindruck, irgendwo zu sein . . . aufgesogen von dem Licht unserer Begleiterin, das alles um sie herum verschwinden läßt.

Während einiger Sekunden erfassen wir ihre Gemüts-
bewegung, und eine vom Wind umwehte Düne zeichnet
sich in uns ab. Jedes Sandkorn gleicht einer Erinnerung,
die ihren Platz sucht und die sich ihrer selbst bewußt
wird. Und so viele Himmel und so viele Sonnen durch-
ziehen sie . . .

Rebekka erinnert sich . . .

»Nein, nun beginnt nicht mehr dieselbe Geschichte,
denn ich habe ihm dieses Mal nichts zu beweisen. Ich
werde ihn lieben . . . ich liebe ihn, weil er es ist . . . ganz
einfach! Ich werde euch eines Tages all dies in Einzelheiten erklären, aber bitte, heute nicht . . . es ist noch nicht
klar genug in mir. Ich habe nur soeben etwas ganz hinten
in einer alten Schublade gefunden . . .«

Das Appartement ist verschwunden, und wir drei sind
alleine, irgendwo, wo es angenehm ist. Um uns herum
eine Weite, die gleichzeitig begrenzt und unendlich erscheint. Nichts erinnert hier an die Nebel eines Bewußtseins, das sich selbst erforscht und das ständig seine
krummen Grenzen neu gestalten muß, da sie ständig in
Frage gestellt werden. Nichts ist um uns, nur das Blau,
nicht einmal das Gefühl, in unseren feinstofflichen Körpern zu sein.

»Ihr habt teil an meiner Freude . . . Wie lange versuche ich schon, euch diesen Augenblick einmal erleben zu
lassen! Ihr solltet einen Garten meiner Seele besichtigen.
Ich möchte euch dorthin mitnehmen . . . nur wenn ich es
bin, die *will*, dann gibt es plötzlich keinen Weg mehr. Mit
meinem Wollen erwachen auch wieder die alten Hindernisse des Ego, und hätte es nicht den Zweifel meines

Vaters gegeben ... Ich glaube, ich habe jetzt wieder den Lichtstrahl gefunden, der mich zu ihm führt, und ich werde nun auch einen der Aspekte dieses Lebens verstehen, der sich mir bislang verschlossen hatte. Ich beginne jetzt zu begreifen, warum gerade er und nicht etwa ein anderer. Nur muß meine Seele noch eine kleine Wunde heilen ...«

»Etwas beschäftigt uns schon noch, Rebekka, und wir glauben, daß diese Fülle, die du uns hier bietest, uns erlaubt, diese Frage zu stellen ...«

Unsere Freundin ist nur noch ein Herz voller Seligkeit. Und wir spüren, trotz unserer bereits vergessenen Körper, wie eine alles verstehende Kraft uns in ihre Arme nimmt ...

»Ihr meint damit wohl meine Familie, die meines vorangegangenen Lebens? Schon lange hatte ich den Wunsch, euch in diese Richtung zu orientieren, denn dies ist äußerst wichtig, erlaubt es doch, so viele Dinge zu verstehen!

Meine Eltern, meine Freunde, alle diejenigen, die mich ein Stück weit bei meinem letzten Erdenleben begleitet haben, sind noch hier; die meisten von ihnen zumindest sind noch ›hier oben‹; wie ihr es so schön nennt. Einige von ihnen haben sehr schnell wieder einen Erdenkörper gefunden, aber die, die mir am nächsten standen, haben sich noch nicht wieder inkarniert. Sie warten noch ein bißchen; ihre Inkarnation wird allerdings bereits bald sein, wie sie mir gesagt haben und wie wir es auch übrigens gemeinsam entschieden haben. Uns wurde dabei klar, daß das Leben ständig Seelen wie die Finger einer Hand vereint, damit so leichter und besser das vollbracht werden kann, was zu vollbringen ist.

Aber im Grunde wollte ich ja etwas anderes sagen ... Sobald sich das Bewußtsein zwischen zwei Erdenleben etwas erweitert und seinen Platz innerhalb seiner Schwingungsebenen findet und sobald sich dann eine bestimmte Lichtstufe öffnet, dann bedeutet ein Begriff wie ›Familie‹ nicht mehr sehr viel ... zumindest so, wie ihn die Menschen verstehen. Blutsbande und genetische Verwandtschaft lösen sich auf. Sie fallen gleichzeitig mit den Masken der Persönlichkeiten und der Konventionen, die für den Zeitraum einer Inkarnation angenommen wurden ... Es bleibt uns also nur die Freundschaft im weitesten und absoluten Sinn. Und diese Freundschaft ist ganz einfach Liebe, etwas Großzügiges, das frei ist von jedem Gewinninteresse, da jeder jedem gehört.

Und so wurden auch meine Eltern zu meinen Freunden, das heißt zu Seelen, die meiner Seele sehr nahestehen, und sie sind nicht mehr die mehr oder minder bewußten Schöpfer und Besitzer eines Körpers, der aus dem ihren hervorgegangen ist ...

In meinem letzten Leben hatte ich zwei Freunde: Der erste kam aus einem der Kriege nicht mehr zurück, und der zweite, nun ja, ich habe meinen Körper vor ihm verlassen. Aber ich habe dann beide wiedergefunden auf dieser Ebene, die ihr ›Zwischenwelt‹ nennt; diese Ebene ist dem Erdenplan sehr ähnlich, und wir haben dort zusammen unsere körperliche Existenz fortgesetzt.

Unsere Seelen brauchten diese Art von Verschnaufpause, um eine ein wenig zu leidenschaftliche Beziehung auf harmonische Art und Weise zu Ende zu bringen. Wie soll ich euch das klarmachen? Wir sind langsam nach und nach erwacht und begannen Dinge zu verstehen, die über unsere Gefühle, weit über unsere Gefühle hinausgingen. Dies geschah alles in aller Ruhe, im gleichen Maße, wie unsere körperlichen Ansprüche weniger wurden und sich in das verwandelten, das ihr, glaube ich, ›energetischen Austausch‹ nennt. Dieses Austauschen ist zu vergleichen mit außergewöhnlich schönen und starken Wellen, die von einer Person zu einer anderen hinüberschwingen. Es ist allerdings keinesfalls eine Zensur, die sich die Seele auferlegt, um über etwas weniger Schönes oder Reines hinwegzugehen. Ganz und gar nicht . . . Dieses Verhalten drängt sich der Seele wie eine logische Weiterführung unseres Wesens auf, das nun weiter und größer sieht!

Gefühle wie Eifersucht oder Herrschsucht, die uns auf Erden normalerweise so quälen, haben von diesem Zeitpunkt an keine konkrete Basis mehr, denn es gibt nun wirklich niemanden mehr, der uns etwas wegnehmen möchte, was ihm nicht gehört.«

»Du hast ja dein Feld schon gut bestellt, Rebekka, indem du deiner Seele Zugang zu dieser Welt verschafft hast . . .«

»In der Tat handelt es sich um einen Lebenskreis, der in jedermanns Herz bereits besteht . . . Die Angst vor dem Vergessen läßt mich erstarren und zeigt mir genau, welche Furchen ich noch nicht gezogen habe. Wie ihr seht, werde ich gegen meinen Willen zu einer Art von

Bogen, der sich spannen möchte, da er das Gefühl hat, noch etwas beweisen zu müssen.

Das Bedürfnis nach Wiedergeburt erklärt sich auch ein wenig hieraus. Eine tiefverwurzelte Kraft sucht uns bis in den hintersten Winkel der Welt, wo wir ein gewisses Gleichgewicht gefunden haben. Ich möchte den Menschen zu verstehen geben, daß diese Kraft natürlich nicht außerhalb von ihnen ist, damit niemand mehr voller Wut sagen kann: ›Ich habe meine Geburt ja nicht gewollt...‹ Dies ist genauso, als gerate eine Blüte in Wut wegen der Tatsache, daß sie sich beim morgendlichen Sonnenstrahl öffnen soll...!

Ich komme mir ein bißchen blöd vor, euch dies alles klarzumachen, denn ich möchte im Grunde niemandem eine Lehre erteilen. Denn aus meinem eigenen Herzen habe ich selbst noch so viele Runzeln zum Verschwinden zu bringen! Ich möchte nur ein wenig von dem geben, was ich selbst verstanden habe, bevor ich mich erneut von dieser Art von Spinnennetz des Ego umgarnen lasse...«

Rebekka erklärt uns all dies mit fester Stimme, Zeichen ihres entschiedenen Willens, der allerdings bereits erste Spuren von Nostalgie verrät. Plötzlich nichts mehr! Während eines langen Augenblicks sind wir alleine mit unseren Fragen, aber auch mit diesem so typischen Gefühl von Freude und dieser blauen Sonne mit ihrer angenehmen Frische. Der sanfte Druck einer Hand auf unseren Schultern bringt uns wieder zurück zu unserer Freundin. Kein Wort wird gewechselt, aber wir kosten weiterhin alle drei das Leben in diesem Azurraum, wo selbst wir bisweilen das Gefühl haben, nur in einer Übergangsphase zu sein.

»Im Grunde ist es etwas Wunderbares ... Ich bewege mich in mir, wie ich es bis jetzt nie habe tun können. Ich muß diesen Weg in einem ständigen Fluß von Glück und Verständnis offenhalten, ist er doch mein bester Garant dafür, daß ich meine Verpflichtungen nicht vergesse. Denn wer seine Augen verschließt und nicht akzeptiert, eine Bilanz auf seinem Weg durch das Bewußtsein zu machen, wird wieder mit den Reaktionen eines Automaten und mit einer festverriegelten Erinnerung auf die Welt kommen.

Ihr habt gesehen, daß wir hier Freunde haben, die uns leiten und die Vertrauen und Offenheit in uns wachhalten ... aber wenn dann auch noch unsere zukünftigen Eltern uns ein wenig weiterhelfen würden ...! Ihr müßt verstehen, daß jede Wiedergeburt das Aufgeben von etwas hier ›oben‹ bedeutet, also sind wir froh, wenn man uns von der anderen Seite her ein Seil zuwirft oder ein paar Kieselsteine, damit wir uns sicherer fühlen! Ich meine damit nicht, daß man uns drüben mit Bergen an Kinderkleidung oder wunderschön verhängten Kinderwiegen erwarten soll. Nein ... alle meine Freunde haben den gleichen Wunsch wie ich, nämlich ein Gespräch zu finden mit den Eltern, um so unseren Willen zur Inkarnation zu festigen und den endgültigen Schritt zur Aufgabe unserer Widerstände zur erleichtern. Die Babywäsche, das frisch gestrichene Kinderzimmer, das alles ist ja schön und gut, aber es ist wie ein zusätzlicher Visastempel auf unserem Paß; wir wollen jedoch nicht, daß sich hinter diesen Äußerlichkeiten das Wesentliche verbirgt.

Vor einiger Zeit — ich wohnte damals noch in meinem kleinen Haus inmitten der Obstbäume — war ich dabei, als eine Freundin Abschied nahm. Alles in ihr war ein einziges Stöhnen! Jedesmal, wenn sie aus dem Bauch ihrer Mutter hierher zurückkam, kam sie zu mir, um mir alles zu erzählen.

Für sie war es weder ein Schmerz noch eine Erfahrung, die sie mit einigen Neugierigen teilen wollte. Sie empfand es vielmehr wie eine Ausweitung ihres Lebens und ihres Daseins... und dies alles nur, weil ihre zukünftigen Eltern ihr mindestens eine Viertelstunde pro Tag widmeten, indem sie ihr sagten: ›So, jetzt unterhalte ich mich mit dir...‹ Jeden Abend, zur gleichen Zeit, zogen sie sich zurück und wußten, daß sie nun nicht mehr zu zweit, sondern zu dritt waren, denn sie hatten die Tür zu einem wirklichen Treffen geöffnet... Es war für sie wie eine Art heiliges Ritual, das sie ganz natürlich vollzogen. Sie wollten sich auch ›keine Geschichten‹ erzählen vor der Seele, die sie eingeladen hatten und die sie nun besuchte; sie suchten auch nicht nach etwaigen ›Botschaften‹, um einen Modeausdruck zu benutzen. Nein, sie warteten ganz einfach schweigend und horchten in sich hinein, da sie wußten, daß sie da war... Und wenn ein Wort, ein kleiner Satz in ihnen hochstieg, dann flüsterten sie es ihr zu, ganz natürlich und ohne unbedingt eine Antwort darauf zu erhalten. Und auf diese Art und Weise konnte sie wirklich mit ihnen reden, das heißt, sie konnte ihnen zu verstehen geben, welches ihre Bedürfnisse außerhalb der Projektionen ihrer Persönlichkeit waren. All dies ist natürlich ganz ideal, aber ihr seht ja selbst, es ist nicht ganz einfach!

Meine Freundin erzählte mir auch, wie sehr die Aura ihres Hauses sich verändert hatte. Zu besagter Stunde sah sie täglich, wie eine Lichtsäule von einem durchsichtigen Weiß sich aus der schweren Auramasse erhob. Und im Laufe der Wochen paßte sich dieser Lichtstrahl genau den Schwingungen ihrer feinstofflichen Körper an und wurde so zur logischen Fortführung der Lichtschleuse, in der sie reiste. Dies alles geschah ›einfach so‹, ohne jede Berechnung, einfach nur aus Liebe, ohne jede Gedankenprojektion, aber auch ohne jedes Phantasma.

Was mich nun betrifft, so weiß ich, daß ich in einem Augenblick großer internationaler Schwierigkeiten geboren werde, meine Freunde aus dem Lichtland haben es mir schon gesagt... Aber was soll's? So viele Dinge sind unter einer neuen Sonne zu erleben! Also muß ich meine Weizenähre in die Garbe stecken können...«

Rebekka hat die Augen geschlossen; sie ist ganz nach innen gekehrt und offenbar glücklich über ihre Herzensgefilde, zu denen nur sie Zugang hat. Uns selbst überlassen in diesem unendlichen Blau verstehen wir erneut, daß es mehr als nur Worte sind, die sie uns anvertraut und die wir wiederfinden müssen. Es ist vielmehr etwas so Durchsichtiges wie ein Hauch, wie ein Schwung, der einen klaren Ruf des Lebens nach Leben enthält...

KAPITEL IV

Januar

In dieser kalten Winternacht dringen nur die Schreie umherschwirrender Nachtvögel bis zu uns vor. Auf dem Nachttisch eine Uhr, deren Leuchtziffern unseren Blick anzieht, während unsere Augen sich allmählich leicht öffnen. Es ist kurz nach zwei Uhr. Warum wurde unser Schlaf so plötzlich unterbrochen? Unsere Sinne und unser Bewußtsein, so wach wie selten, suchen in der Dunkelheit nach einer Antwort. Gibt es hinter all dem einen Willen? Um ehrlich zu sein, irgendwo in unserem Innersten hören wir ein leises Murmeln. Eine Art Vorahnung, aber noch so vage, so weit... Nichts erlaubt das geringste Verstehen, nichts nur den kleinsten Anhaltspunkt, nichts den winzigsten Griff, um eine Schublade zu öffnen. Unweigerlich denken wir an eine Telefonverbindung und an den schönen Satz, der wie ein Witz klingt: »Alle Leitungen sind im Augenblick besetzt; bitte rufen Sie später an...« Aber wer ist dieser Korrespondent, dessen Leitungen besetzt sind? Oder sind es nicht eher *unsere* Leitungen, die besetzt sind?

Die Wirklichkeit der Dinge nimmt nach und nach in uns konkretere Formen an. Wenn also irgend etwas in uns so stark geläutet hat, daß wir beide aus dem Schlaf gerissen wurden, dann müssen wir vielleicht nur besser hinhören. Warum sich dann so viel Kopfzerbrechen bereiten?

Ganz am Ende dieser Überlegung, die von selbst aufhört, steht nun das Schweigen... Ein Schweigen, das in sich zusammenbricht, sobald Rebekkas Name gleich einem Feuerwerk auftaucht. Wir wissen mittlerweile, daß ein Wirbelwind uns ruft und uns dann bald von hier wegsaugen wird. Unser Vertrauen und unser langsamer und tiefer Atemrhythmus lenken dabei die weißen Windungen der Spirale...

In einem dichten Schweigen zerbirst eine innere Tür mit der Geschwindigkeit einer Explosion in tausend Stücke. Unser Bewußtsein ist nun erweitert und weit entfernt von den Schlacken, die es normalerweise belasten; es läßt uns an einem Ort erwache, dessen ruhiges Licht leicht grün und etwas kalt ist. Seine Mauern werden nach und nach dichter, und wir beginnen uns umzuschauen. Zweifelsohne sind wir in einem Krankenhaus; der kleine Raum, in dem wir uns befinden, ist voll eindrucksvoller Instrumente, deren Sinn und Zweck uns unklar ist.

Nun spüren wir Rebekkas Atem neben uns. Wir wissen zwar nicht genau, woher er kommt, aber seine Anwesenheit ist so stark, daß er uns zu sagen scheint: »Nein, dies ist noch nicht der richtige Ort, aber laßt mich euch leiten.«

Unser Körper gleitet zur Seite und läßt sich von einer Energie emportragen wie Rauch von einer Windböe. Unsere Blicke nehmen nun einen neuen, größeren Raum wahr, in dem ein Mann und zwei Frauen in Kitteln zu beobachten sind, die sich über ein ziemlich großes Objekt beugen: Zwischen den friedlichen, aber sehr beschäftigten Gestalten der drei Personen erahnen wir so etwas wie einen großen Tisch, auf dem ein Wesen lang ausgestreckt liegt.

»Dies ist meine Mutter«, flüstert Rebekkas Stimme in uns. »Wir wurden ein bißchen kräftig durcheinandergeschüttelt... Dies ist auch der Grund, warum ich euch sehen wollte. Meine Mutter ist auf der Treppe zu ihrer Wohnung ausgerutscht; der Aufzug hatte eine Panne und war außer Betrieb. Und jetzt untersucht man sie gründlich. Aber von all dem habe ich keine Ahnung, da man mir nichts in diesem Bereich erklärt hat.«

Ein Schweigen voller Fragen gleitet zwischen uns.

»Ich verstehe nicht, was diese Leute sagen. Ich spüre nur die Schwingungen, die von ihnen ausgehen, und danach zu schließen scheint es nichts Ernstes zu sein.

Mama hat übrigens das Bewußtsein nicht verloren, und ich sehe, daß sie nicht leidet. Sie hat nur einen leichten Schock erlitten, den ich fast in meinem Körper spüre.«

»Rebekka, du hast gerade zum ersten Mal deine Mutter ›Mama‹ genannt!«

Unsere Freundin schweigt, wie aus Scham, und wir ahnen auf ihren Zügen nur ein kleines, friedvolles Lächeln, das für uns wie der Schlüssel zu einer Truhe voller Geheimnisse ist.

»Wo bist du eigentlich, Rebekka?«

»Ganz nahe bei euch und bei ihr. Ich wurde so heftig

aus meinem Körper gejagt, daß ich nicht genau weiß, wie ich euch wieder treffen kann. Ich sehe euch durch eine Art Schleier, aber ich kann nicht tiefer in die Materie hinabsteigen. Ich habe das Gefühl, als hindere mich eine Energie daran, die aus dem Bauch meiner Mutter kommt. Es ist wie ein Schutzschild, der mich daran hindert, mich ihrer und eurer Welt zu nähern. Und dabei habe ich mich noch nie so dicht und so schwer empfunden. Ich habe auch zum ersten Mal den Eindruck, daß in mir ein körperliches Herz schlägt; und es schlägt so laut, daß dies mir fast angst macht.«

In einer Ecke des Raumes schaut ein Mann mit Hornbrille aufmerksam auf einen Bildschirm. Er erweckt den Eindruck, als mache er eine reine Routineübung. Offenbar kennt er die junge Frau gut, die auf diesem schweren Tisch liegt, dessen Platte sich nun leicht, begleitet vom Geräusch eines elektrischen Motors, zu bewegen beginnt.

»Hab keine Angst, es wird nicht lange dauern«, sagt er zu ihr mit einem Ton voller Beruhigung, »noch ein paar Minuten, und alles ist vorbei ...«

Der Bildschirm des Ultraschallgerätes beginnt sich zu beleben. Und das Auge nimmt nach einigen Sekunden der Gewöhnung Linien wahr, die an die Umrisse eines Fötus erinnern; dieser scheint Bewegungen von unglaublicher Langsamkeit auszuführen, die jedoch bisweilen durch brüske Gesten unterbrochen werden.

»...Habt ihr gesehen, er bewegt sich ohne mich!« ruft Rebekka, ohne dabei ihre Emotion verbergen zu können.

»Ihr seht es nun auch, und meine Freunde hatten es

mir bereits gesagt, daß mein Körper sich ohne mein Zutun bewegen kann, ja, daß ich nicht einmal dasein muß! Ich hatte einige Mühe, ihnen zu glauben, als sie mir von diesem Automatismus erzählten. Es handelt sich um Kräfte, die beim Festsetzen der Elemente frei werden und die dann diese Art von elektrischer Entladung auslösen. Wenn ich richtig verstanden habe, handelt es sich im Augenblick um einen Kampf zwischen den Elementen Erde und Wasser, die jeweils ihr Gleichgewicht suchen. Die Erklärung, die man mir gab, ist recht lustig: Danach soll jedes Element versuchen, sich nach einem System, das in der Erinnerung des ätherischen Körpers gespeichert ist, seinen Platz zu finden, während dieser Körper selbst seine eigene Entwicklung fortsetzt. Im Grunde realisieren also die Elemente Erde und Wasser nur ganz genau den Plan, der bereits im Äther vorgegeben ist.«

Trotz der großen Aufmerksamkeit, mit der Rebekka uns dies alles erklärt, kann sie eine gewisse Verkrampfung nicht verbergen.

Schließlich meint sie: »Ich bitte euch um Entschuldigung, aber hier ist nicht so viel Frieden, wie meine Seele eigentlich bräuchte. Ich leide nicht und bin auch überzeugt, daß alles gutgehen wird, aber die Angst, die von meiner Mutter ausgeht, schnürt mir die Kehle zu. Selbst wenn ich in diesem Augenblick weder in meinem noch in ihrem Körper bin, so spielen wir doch beide jede Sekunde die gleiche Musik. ›Sie‹ wird jeden Tag ein bißchen mehr zu meinem ›Ich‹ und dies, glaube ich, bis zum siebten Monat. Von diesem Zeitpunkt an müßte ich normalerweise etwas mehr an persönlichem Widerstand leisten gegen alles, was mir als ein Parasit für Leib und Seele vorkommt. Ich müßte fähig sein, mein eigenes Verteidigungssystem in Bewegung zu setzen und mich selbst wiederaufzubauen.«

»Dich wiederaufbauen?«

»Ja, dies mag euch seltsam vorkommen, aber ihr müßt folgendes verstehen: Je mehr mein Fötus an Dichte und Gestalt zunimmt, desto mehr hat mein Bewußtsein die Tendenz, so paradox dies auch klingen mag, sich zu verzetteln. Es verliert nach und nach seine eigene Individualität und geht über in einen Strom von Energie, der nur wenig noch mit ihm zu tun hat, handelt es sich doch um die Energie eurer Welt und die meiner nächsten Umgebung. Ich habe manchmal das Gefühl, wie ein Schwamm zu werden, der sich in das verwandelt, was er aufsaugt.«

Nichts hat sich in dem Raum, in dem wir uns immer noch befinden, verändert. Das Summen der Apparate bildet eine Geräuschkulisse, von der sich die friedliche Stimme des Arztes angenehm abhebt. Obwohl wir uns erst kurze Zeit in dieser gedämpften, wenn auch für unser Bewußtsein zu kühlen Atmosphäre aufhalten, haben wir bereits den Wunsch, von hier wieder zu verschwinden... Es gibt eben solche Orte, wo alles wie zu Eis erstarrt, weil dort, wie Perlen an einer Kette, zu viele Fragen, Leiden und enttäuschte Hoffnungen aufgereiht sind.

Und doch bittet uns Rebekkas Wille zu bleiben! Im Ton ihrer Stimme schwingt diese Bitte unausgesprochen mit! Im Grunde fühlen wir uns wie erbärmliche

Schutzengel in einer Situation, der wir ganz und gar unfähig gegenüberstehen.

»Nichts ist wirklich dramatisch, Rebekka!«

Aber Rebekka ist nicht mehr da. Sicherlich hat ihr Bewußtsein sich von einer Idee fangen und in ihre eigene Sphäre entführen lassen. Also schweigen wir und lassen in diese Stille etwas mehr Liebe fließen; denn das Elixier des Herzens öffnet den Weg zum Geheimnis!

Während wir uns selbst dieses Versprechen eines diskreten und friedlichen Wartens abnehmen, spielt sich einige Schritte entfernt ein erstaunliches Ballett ab. Bis jetzt haben wir all dem keine rechte Bedeutung beigemessen, aber die Bewegungen werden jetzt so intensiv, daß sie unser Interesse anziehen. Die eine Seite des Raumes mit seinem schweren Tisch, auf dem die junge Frau immer noch ausgestreckt liegt, wirkt auf uns wie ein Magnet.

Die von unserem Bewußtseinskörper aus beobachtete Materie unserer Welt offenbart stets ihr Innenleben. Die Partikel sowie ihre Energiefelder üben auf das Auge eine wahre Faszination aus. Sie bieten den Anblick einer in allen Regenbogenfarben schillernden Arabeske mit unwahrscheinlich schnellen Bewegungen. Shivas Tanz in all seiner wunderbaren Größe, deren Stärke allein schon eine ganze Lehre enthält... Aber offenbar handelt es sich nun hier um etwas anderes, um etwas, das wie bei einer Doppelbelichtung alles andere überlagert. Dieses Etwas ist von einer äußerst starken Lichtintensität, die den ganzen Raum erhellt. Erneut spüren wir, daß unsere Blicke sich anpassen müssen, sich gewöhnen müssen an eine Empfindlichkeit und an eine wiederum andere Lebensqualität. In Wirklichkeit zieht der Körper von Rebekkas Mutter diese leuchtendhelle Lichtbewegung an sich. Sie erinnert uns unwillkürlich an einen Mantel, der sich um die Aura legt, an eine Art von Umhang, der aus den Tiefen des Lebens aufsteigt und Träger eines wohltuenden Nektars ist. Während wir uns dieser Dinge immer bewußter werden und uns ganz der Schönheit dieser Situation hingeben, kommt eine sanfte Wärme über uns. Für unsere Seele gibt es in der Tat weder ein Krankenhaus noch geräuschvolle Apparate, sondern nur ein ausgestrecktes Wesen, das Bilanz macht und dessen noch so geringe Spannungen verschwinden. Kein Wort wird gesprochen, und vielleicht gerade deswegen sind diese Augenblicke so heilig...

Wir müssen lediglich spüren, was hinter dem geschieht, was unsere subtilen Augen erfassen können. Der Lichtmantel, der die junge Frau umarmt und tröstet, kommt sowohl aus den Tiefen der Erde als auch aus der Unberührbarkeit des Kosmos. Seine weiche Substanz erinnert an eine Lichtwolke, aber auch an eine unendliche Zahl von Feuerzungen, die das wieder herrichten, was die Angst zerstört hat. Eines Tages müßte die Physik hierfür neue Begriffe einführen, die heute nur den Dichtern geläufig sind. Denn täuschen wir uns nicht, hinter all dem, was wir da sehen, verbirgt sich ein alchimistischer Prozeß, der Kräfte und Gesetze in Verbindung bringt, bei denen nichts dem Zufall überlassen ist, sondern wo im Gegenteil alles von einer perfekt logischen Notwendigkeit ist.

Je mehr wir diese Feuerfunken erfassen können, desto mehr färben sie sich dunkelrot und versuchen, sich auf das Umfeld des Beckens von Rebekkas Mutter zu konzentrieren. Es hat bisweilen den Eindruck, als verschwänden sie sogar dabei, als habe diese Stelle sie sozusagen verschluckt. Wir stehen hier einer Energie gegenüber, die ein Verhalten wie ein Nahrungsmittel an den Tag legt, welches eine unabhängige Intelligenz besitzt, dank der es ganz genau weiß, was es tun soll und in welcher Richtung es sich orientieren muß.

Einige Augenblicke verfliegen so wie in einer anderen Welt, wo es kein Wie und Warum gibt, da alles klar ist . . .

Und auf einmal erscheint ganz langsam auf Höhe des Unterleibs der jungen Frau im feinstofflichen Licht ein grüner Schein, der feste Formen annimmt.

Es hat den Anschein, als wolle die ätherische Silhouette eines Fötus sich an dieser Stelle herauswinden, um sich auf dem Bauch der künftigen Mutter auszuruhen. Ganz gewiß hat die junge Frau etwas bemerkt, eine Art Befreiung, eine Akzeptanz des Hier und Jetzt oder ein tiefes Verständnis, denn ein langes Einatmen hebt ihre Brust und atmet mit einem tiefen Seufzer aus ihr aus.

»Es ist komisch, aber ich verspüre eine starke Wärme«, meint sie mit monotoner, aber ganz ruhiger Stimme, während sie ihre Hände auf ihre Magengrube legt.

»Hier spielt sich etwas ab! Ich habe den Eindruck, als sei in mir eine Art Leere . . . aber dies ist keineswegs unangenehm.«

»Das ist lediglich eine nervöse Reaktion . . . So, wir sind jetzt fertig; du kannst aufstehen, alles ist bestens.«

Der Arzt hat sein Schaltpult verlassen und bewegt sich jetzt in Richtung auf den Tisch, wobei er voll in unser Blickfeld kommt.

»Es ist mir nicht gelungen«, flüstert in uns Rebekka mit einer ein wenig zögernden Stimme. »Ich wollte ihr ein Zeichen mittels des Bildschirms geben, eine Hand, einen Fuß, meinen Kopf drehen, was weiß ich ... etwas, um ihr zu verstehen zu geben, daß ich sie hören konnte. Aber dies war unmöglich; ich habe es nicht geschafft, in sie zu dringen. Es gab entweder in ihr oder in mir eine Schale, durch die selbst mit Gewalt kein Durchkommen war!«

»Aber warum willst du etwas mit Gewalt tun, Rebekka? Hast du gesehen, was geschah, als deine Mutter das Ereignis akzeptierte? Hast du nicht die Schönheit der Kräfte gesehen, die zu ihr, und vielleicht auch zu dir, kamen?«

»Ich weiß das, aber es gibt in mir immer ich weiß nicht welche Hoffnung, die Schranken niederreißen zu können!«

»Sind das Hindernisse oder Schutzschranken?«

Ein Lächeln erfüllt den Raum, der uns trennt. Es bedeutet das Ende einer Spannung und nimmt uns wie an der Hand, um uns anderswohin, ein wenig weiterzubringen. Unser astrales Bewußtsein durchdringt die Atome einer Mauer dabei, wird mit ihnen eins und läßt sie dann zusammen mit dem Untersuchungszimmer hinter sich. Rebekka hat uns mitten in ein kleines quadratisches Zimmer gezogen; ihre Mutter, die in ihrer weiten Jacke mit geometrischen Mustern etwas verloren erscheint, sitzt bereits vor dem Arzt. Eine andere Frau ist ebenfalls in diesem Raum; sie wirft lässig eine Zeitschrift auf einen niedrigen Tisch und entspannt langsam ihre Gesichtszüge, sobald die Unterhaltung beginnt. Wir haben den Eindruck, sie schon einmal gesehen zu haben, vielleicht auf der Straße.

»Dies ist meine zukünftige Großmutter«, klärt uns Rebekka auf.

Die Frau, kaum über fünfzig, ist umgeben von einem mattgrünen Schein, in dem gelbgraue Lichtflimmer herumschwirren.

»Ich sah gewiß vorhin aus wie sie . . . ich hatte solche Angst! Ich meine, nicht für mich . . . ich wußte ja, daß alles bestens war, sondern für meine Mutter. Ihre Auren lösten sich auf, und ich sah, daß ganz gleich welche Gedankenwellen in sie eindringen konnten. Sie war wie eine durchlässige Vase.

Ich habe versucht, das Geschehen genau zum erfassen. Natürlich habt ihr recht, es geht hier nicht um Schranken, sondern um Schutzeinrichtungen. Manchmal habe ich noch solche Reflexe, die wie Zerrspiegel wirken! Ich weiß nicht mehr, ob ich es euch bereits erzählt habe: Als meine Mutter auf den Boden fiel, war ich gerade in meinen zukünftigen Körper gedrungen. Und ich wurde herausgeschleudert, ohne zu wissen, was eigentlich los war. Sobald ich erfaßt hatte, was geschehen war, wollte ich zu meiner Mutter hineilen und ihr sagen, daß nichts Schlimmes passiert sei, aber ihre Körper wehrten mich ab. Innerhalb einer Sekunde waren tausend Hindernisse zwischen uns. Ich wurde förmlich auf den Bildschirm ihrer Ängste und Fragen geschleudert. Aber, um ehrlich zu sein, ich verstehe gerade erst seit wenigen Augenblicken, wie sehr ich all das vergessen konnte, was man mich hierüber gelehrt hat.«

Wir nehmen Rebekka immer noch nicht wahr; aber eine Emanation voller Sanftheit kommt bis zu uns und läßt uns die nun wieder friedvollen Gesichtszüge Rebekkas erahnen.

»Willst du nicht etwas näher zu uns kommen?«

»Noch nicht, und ich weiß auch nicht, ob ich dazu schnell fähig sein werde. Ich möchte lieber zunächst wieder da zu atmen lernen, wo ich bin, und euch von dem erzählen, woran ich mich erinnere. Ich glaube, daß das, was ich soeben erlebt habe, einem Willen entspricht. Ich glaube, daß meine Freunde da oben es ahnten und daß es ihr Wunsch war; daß ich auch da zu etwas nütze ...

Genaugenommen muß ich euch sagen, daß seit einiger Zeit meine Mutter sich ein bißchen alleine fühlt. Mein Vater geht ganz in seiner Arbeit auf und merkt auch gar nicht, wie sehr seine Frau etwas mehr als nur Aufmerksamkeit und Zärtlichkeit braucht. Sie verlangt nach Anteilnahme ... kein Mensch kann sich damit zufriedengeben, daß man nur sein Äußeres betrachtet. So hat also meine Mutter unbewußt eine ganze Reihe von Gedankenbildern erfunden, die auf kleinen Unfällen basieren, genaugenommen lediglich Möglichkeiten, die Aufmerksamkeit auf sich zu lenken. Ich habe dies zwar alles in ihr bereits vorüberziehen sehen, muß aber zugeben, daß ich bis heute nicht so recht daran geglaubt hatte. Die meisten Unfälle sind allerdings diesen Ursprungs; es handelt sich um eine Art von Hilferuf, von Begegnung mit sich selbst oder mit anderen oder von Bestrafung, die man sich selbst zufügt.

Jetzt möchte ich euch allerdings sagen und wiederholen, daß alles gut und schön ist. Ich muß dies tun, denn vor wenigen Augenblicken noch hätte ich dies fast vergessen. Die Liebe, die unser ganzes Leben lenkt und leitet, hat mein Hinausschleudern aus dem Körper meiner Mutter ausgelöst, als diese hinfiel. Hätte sie dies nicht getan, wäre mein astrales Bewußtsein mit einem verbrauchten ›Prana‹ in Berührung gekommen, der von der Angst meiner Mutter ausging und sich automatisch in den Adern meines ätherischen Organismus verbreitet hätte.

Mein Seelenkörper hätte eine Art von Vergiftung erfahren, die ihn ähnlich wie ein starkes Neuroleptikum in einen tiefen Schlaf versetzt hätte. Und ihr wißt ja, daß ein Bewußtsein, das auf seinen inneren Meeren schwimmt, an Stärke verliert. Die Natur ist dagegen und tut alles, um dies zum verhindern!«

»Aber diese wunderbar roten Funken über deiner Mutter; diese so schöne Energie, die von überall zu fließen schien, um sie zu umhüllen und zu schützen, was war das genau?«

»Nun«, meint Rebekka voller Gefühlswallung, die ein gewisses Zögern nicht überlagern kann, »nun, das war Feuer... Auch ich sehe es zum ersten Mal so. Ich meine damit natürlich nicht dieses Feuer, das in Kaminen brennt, sondern diese so lebendige Kraft, die jede Materie belebt. Ich spreche vom Feuer als Prinzip, als aufbauendes Element. Genauso wie Erde und Wasser muß man es sehen und mögen, denn es ist ein Lebensbewußtsein, das von Hunderttausenden von überall vorhandenen kleinen Seelen gespeist wird, die ihrerseits mit den Bedürfnissen eines jeden von uns ewig verbunden sind. Bald wird dieses Element auf meinen Körper Einfluß nehmen, wie bereits die beiden anderen. Heute hat das Feuer zunächst einmal auf einen Hilferuf geantwortet.

Sobald die ätherische Hülle eines Fötus einen Schock empfindet, verlangt sie umgehend vom Vitalkörper der Frau, die ihn beherbergt, eine große Menge an Energie, um wieder sein Gleichgewicht zu finden. Diese Energie fließt von der Milz der Mutter zu der des entstehenden Körpers. Und die Folge davon ist eine gewisse Leere in der Milzgegend des Gebers. Und das Feuer, das ihr gesehen habt, wirkt wie eine Salbe; sein liebendes, inneres Wesen weiß genau, was es zu tun hat.

Dieses ganze Spiel der Energien gehorcht einer bestimmten Logik, und sein mechanisches Abrollen hat mich auch keineswegs beunruhigt. Meine Spannung hatte ihren Grund vielmehr erneut in diesem Gefühl, gegen eine Wand zu reden und ein Wesen zu lieben, das nicht nur meine Anwesenheit nicht spüren konnte, sondern das sogar auf Grund seiner Spannungen mich zurückstieß. Ich glaube, es gab in diesem Moment nur einen Menschen, der uns helfen konnte, und das war ein Freund meiner Mutter, ein Radiologe. Ich wollte, daß er... eine Art Vermittlerrolle spielt. Er ist daran gewöhnt, die Dinge zu erfassen, die das Auge nicht sehen kann. Als ich dann fasziniert zusah, wie er mit Wellen und mit Strom jonglierte und mit welcher Leichtigkeit er die Kraftfelder deutete, hatte ich Lust, ihm zuzurufen: ›Aber warum hörst du mich denn nicht? Warum führst du diese Arbeit zwar mit Liebe, bisweilen sogar mit Begeisterung durch, aber trotzdem immer nur wie ein Roboter? Warum willst du nicht einmal versuchen, hinter deinen Bildschirm zum sehen?‹

Ich wollte ihm auch klarmachen, daß bei seiner Arbeit fast immer eine Seele hinter oder neben ihm steht. Nicht etwa die unwissende Seele eines Säuglings, der bald auf die Welt kommen wird und der von nichts Ahnung hat, sondern die eines voll entwickelten Wesens, das seine Liebe braucht, auch wenn er es nur für einige wenige Augenblicke sehen kann. Dieser Mann war der einzige, der in diesen Minuten ängstlicher Infragestellung genügend Frieden ausstrahlen konnte, um die Schutzmauern meiner Mutter zum Einstürzen zu bringen, damit ich in sie eindringen kann, um dank meines Bewußtseins dem Feuer weit die Pforten zu öffnen, nach dem sie so sehr verlangte!

Die Ärzte dürfen sich in diesem wie in anderen Fällen nicht einfach damit zufriedengeben, liebenswert und kompetent zu sein. Dafür sind sie nicht da! Ich habe auf der Lichtebene, von der ich komme, viele Vertreter des Ärztestandes kennengelernt, und viele von ihnen gaben ehrlich zu, die einmalige Chance, die das Leben ihnen bot, um diese Liebe zu ergründen, nicht erfaßt zu haben.

Stets bewahre ich in mir die Bilder des Großen Friedens; die Liebe, von welcher diese Ärzte sprachen, war alles andere als ein philosophisches Konzept. Sie war

vielmehr ganz konkret, ihre Ausmaße ließen sich nach-
messen, und alle, aber wirklich alle, haben sie als eine
Art Selbstaufopferung verstanden.

Natürlich bin ich selbst kein gutes Beispiel dafür; habe ich euch doch oft das Schauspiel meiner eigenen Begrenzungen geboten; aber ich wollte nur noch hinzufügen, daß für mich diese Selbstaufopferung – und alle
meine Freunde im Jenseits sind mit mir einer Meinung -
die einzige Vermittlerin des Lebens ist.«

Während wir diese Worte in uns wirken lassen,
nimmt Rebekkas Körper ganz langsam Form an und erscheint vor uns.

Erneut hat unsere Freundin die Grenze des Nichtver-
trauens überschritten, hat auf ihr starkes Verlangen ver-
zichtet und von sich aus den Rückweg eingeschlagen.

Was wir nun hier erleben, ist im Grunde ein Wiedersehen, denn fast drei Wochen lang haben wir das Leuch-
ten ihrer Augen nicht sehen und den Atem ihrer langen
Finger auf unseren Händen nicht spüren können.

Aber wir erfassen auch sofort, daß Rebekka sich irgendwie verändert hat...

Irgend etwas an ihrem Gesicht verrät es uns, bevor
wir dies auf einer feinstofflicheren Ebene genauer erfassen. Hat sich ihre Stirn etwas erhöht oder haben ihre
Wangen sich etwas mehr gewölbt... schwierig zu sagen!
Die Kleidung, die sie heute trägt, ist allerdings ein sicheres Zeichen für diese Metamorphose: Uns gegenüber
steht nicht mehr eine junge Frau in etwas altmodischer
Kleidung, sondern ein neues Wesen in einem langen,
fließenden Kleid in makellosem Weiß. Wir können uns

des Eindrucks nicht erwehren, daß es sich ein bißchen weniger um Rebekka und ein wenig mehr um ein anderes Wesen handelt.

Unsere Freundin hat zweifelsohne unsere Überraschung erfaßt, und sie antwortet uns ohne Umschweife mit einem fast genierten Lächeln. Für den Bruchteil einer Sekunde haben wir den Eindruck, ein junges Mädchen vor uns zu haben, das wir in seiner Intimsphäre gestört haben.

»Ich denke mich nun anders, zumindest versuche ich es«, meint sie schlicht und einfach.

Das kleine Wartezimmer mit seinen weißen Stühlen ist nun ganz leer. Die drei Personen, die noch vor kurzem hier waren, sind verschwunden, ohne daß ihr Weggehen uns aufgefallen wäre. Jeder geringste Winkel des Raumes ist voll von diesem schwerwiegenden Schweigen als Folge der Unterhaltungen, die hier den ganzen Tag stattgefunden haben. Lediglich draußen im Gang erinnert das Geräusch rollender Wagen an die Tatsache, daß wir in einer Klinik sind. Sicherlich ist es schon tiefe Nacht, und draußen zeichnen bunte Neonreklamen ihre gleißenden Lichtkonturen gegen den Himmel.

Aber all dies ist ohne jede Bedeutung! Was wir hier erleben ist so wunderbar, und wir wollen voll diese Freude auskosten, uns irgendwo zwischen Raum und Zeit zu befinden, auf der Suche nach einem einfachen und letztmöglichen Verstehen des Lebens ...

»Ja, wißt ihr ...«, hebt Rebekka wieder ganz sanft an und legt dabei eine Hand auf ihre Brust, als suche sie nach einem treffenden Ausdruck, »ja, was ihr von mir seht, empfinde ich auch in meinem Innern; ich bin vielleicht zu vergleichen mit einem Baum, der nach und nach seine Blätter verliert... oder der, im Gegenteil, das Aufblühen seiner Knospen erlebt. Ich weiß es nicht. Ich schwanke zwischen Begeisterung und Furcht. Die Metamorphose ist wie ein Erdbeben für die Seele — aber versucht das mal euren Lesern zu erklären!

Seit nunmehr vier Erdenmonaten wird für mich ein Körper wie aus Ton geformt. Mal muß man ein wenig Wasser beigeben, dann ein bißchen Wärme, dann wieder ein wenig mehr an Gewicht. Ich weiß nicht, welches die Glasur sein wird, aber ich wünsche, daß der Himmel das Seinige tut, damit diese Glasur nicht aus einem einzigen Stück ist, damit meine Vase und ihr Inhalt noch einige unglasierte und von den menschlichen Zeiten ungeschliffene Stellen behalten.

Im Laufe der Monate durchwandern die Planeten meine Seele und geben ihr ein Profil. Im Laufe dieser Zeit ändern auch die Zellen meines Lichtkörpers ihren Atemrhythmus, und sie definieren neu, was sie in sich gefestigt zu haben glaubten. Diese Struktur, die sich so nach und nach im Leib meiner Mutter entwickelt, beginnt nun, mit meinem Wesen zu sprechen und so seine künftigen Linien auszuarbeiten. Ich bin nun ein bißchen zu dem geworden, was ein Fötus mir irgendwo auf Erden vorschlägt, aber auch das, was meine Seele diesem Fötus einprägt; im Grunde bin ich eine Art Durchgangsstation, wo das Leben selbst sich abschätzt, bevor es dann allmählich seine Position festlegt. Es ist schon richtig, von der Idee auszugehen, daß die Seele schon länger als der

Körper, den sie ausgewählt hat, existiert, nur muß man auch zugeben, daß derselbe Körper auf diese Seele wie ein neuer Farbanstrich wirkt. Und die verschiedenen Schichten dieser Farbe kann ich nun ganz deutlich wahrnehmen. Ich möchte nicht behaupten, daß die unterschiedlichen genetischen Elemente, die auf meinen Körper jetzt einwirken, bereits meine Verhaltensweisen oder meine Physiognomie tiefgehend beeinflussen. Dies ist keineswegs der Fall, allerdings empfängt mein innerstes Wesen in kleinen Dosierungen bereits wichtige Informationen, die nach und nach ihre Spuren hinterlassen. Mein wahres Ich bleibt davon natürlich unberührt, aber, wie ihr seht, ist es aus notwendigen Evolutionsgründen heraus durchaus bereit, sich ganz anders zu begreifen.

So habe ich mich noch gestern meinen Freunden gegenüber ohne jegliches Alter gefühlt, fast unverwundbar und gestärkt durch die reichen Elemente meiner Seele; heute dagegen habe ich den Eindruck, daß ich einfach jung und bereit bin, das Leben in vollen Zügen trotz seiner manchmal versteckten Widrigkeiten und Zweifel zu genießen.

Natürlich könnt ihr nun denken, diese Unvollkommenheiten würden schnell Wirklichkeit. Dies ist richtig. Aber gerade diese Unvollkommenheiten sind der Grund meiner Rückkehr, wie übrigens bei uns allen . . .

Wenn ihr nichts dagegen habt, werde ich noch ein bißchen bei dieser Idee verweilen, denn ich spüre, wie mein Bewußtsein mit klarem Licht beschenkt wird . . . das Große Leben öffnet uns alle Wege und katapultiert uns überallhin, damit so selbst die kleinste Zelle unseres Wesens gereinigt wird und die Sonne in uns frei und ungehindert fließen kann. Deswegen werden die Formen, die dieses Leben uns anbietet, ebenso zu unseren Lehrern wie die Umstände unserer Existenz selbst.

Diejenigen, die auf der Suche nach dem Geist sind, nennen sich ohne Zögern ›Söhne des Himmels‹, aber ich habe mittlerweile verstanden, daß der Himmel nichts ist ohne eine Form, die ihn voller Begeisterung aufnimmt.

Als ich meine Mutter betrachtete, als sie auf dem Tisch lag und Feuerstöße sie durchdrangen, um sie zu heilen, dachte ich, daß ich dieses Körpers, den das Leben mir bereitet, würdig sein müsse. Deswegen habe ich nun vollkommen den Gedanken akzeptiert, für eine falsche Vollkommenheit zu sterben und ein Sicherheitspolster aufzugeben, wo ich das Glück hatte, eine gewisse Lichtqualität in mich aufzunehmen und zu bewahren. Dies schließt nicht aus, daß ich mich noch aufbäumen und euch das Feuerwerk meines Ego aufzwingen werde, aber mein Bewußtsein in seiner Gesamtheit hat bereits diese Reise angetreten. Aus eigener Erkenntnis heraus akzeptiere ich die Wagnisse dieses Übergangs, den das Leben von mir fordert. Ich hoffe, daß dabei nicht folgende Idee dominiert: ›Ich möchte wieder auf die Erde zurück, um dieses oder jenes noch zu vollbringen‹, sondern eher eine andere: ›Ich kehre in mein anderes Ich zurück, um meiner Seele etwas mehr Schliff zu geben...‹

Diese neun Monate sind ein Einweihungsweg, den ich nicht aus Stolz, Ungeduld oder Angst verfehlen möchte. Deswegen bitte ich euch, mir dabei zu helfen, mit allem, was ihr selbst an Erdenleben an euch habt, in Verbindung zu treten. Ich brauche diesen menschlichen Hauch, um meinen Körper zu akzeptieren, der so sehr mit dem Geruch des Umgrabens behaftet ist.

Wir alle, die wir wieder auf die Erde zurückkommen – ganz egal, ob es das hundertste oder das zehntausendste Mal ist – haben das Bedürfnis, einen Ruf in Richtung Materie und ihrer Bewohner auszusenden. Wir verspüren das dringende Bedürfnis nach ... einer Telefonverbindung, die über ›Grenzen‹ hinausgeht, nicht etwa, um zu plaudern, nicht einmal, um unbedingt Worte auszutauschen, sondern nur, um einen Strom von Liebe fließen zu lassen.

Für uns, die wir die Erde verlassen haben und noch nicht zu ihr zurückgekehrt sind, stellen ihre Berge, ihre Täler, ihre Meere und ihre Völker das Jenseits dar, und zwar mit allem, was dies an Unklarheit, an Mißtrauen, an Ängsten und an Illusionen bedeutet.

Ein alter Mensch, der die Taue seiner körperlichen Existenz gelockert hat, verändert oft seinen Gesichtsausdruck, sobald er die ersten Umrisse des anderen Ufers erblickt; so müssen auch diejenigen, welche die Hülle eines Babys bewohnen wollen, eine bestimmte Vorstellung von Ewigkeit ... und von sich selbst aufgeben.

Sehr viele Leute, sei es nun, daß sie von der Erde kommen oder wieder zur Erde zurückgehen, haben den Eindruck, am Rande eines Abgrundes zu stehen, wo alles verschwinden wird. Ich habe eher das Lampenfieber derer, die sich im Vorhof eines Tempels wähnen –

mal stimuliert mich dies, mal läßt es mich zu Stein erstarren...

Seht einmal dieses Kleid, das ich trage — ich habe es nicht gewollt. Es hat sich von selbst um mich gewoben, ohne daß ich etwas dagegen tun konnte; sicherlich hat ein unbekannter Teil meines Bewußtseins es dazu inspiriert, und es hat dann seine Grundmaterie aus dem Licht gewonnen, das uns umgibt. Und es muß euch klar sein, daß alles auf diese Art und Weise geschieht und daß es eine Intelligenz gibt, die man nicht analysieren kann und darf — und dies alles muß man akzeptieren.«

Plötzlich hält Rebekka inne, und ihre Augen werden, so scheint es uns, größer und eindringlicher in ihrer Klarheit.

Aber sogleich fährt sie fort: »Im Grunde fühle ich mich wie eine Erstkommunikantin, die sich, zu Recht oder zu Unrecht, von einem neuen Wissen erfüllt fühlt... aber auch voll schwerwiegender Forderungen. Wann wird die nächste Metamorphose meiner Seele sein? Ich weiß es nicht. Ich muß mich von dem tragen lassen, was meine Körperhülle mir vorschlägt; ich muß ohne Urteil und ohne Hintergedanken hineintauchen. Die Zügel festhalten und das Zaumzeug loslassen, darin liegt ein wenig das Geheimnis!

Im Augenblick hinterläßt in mir die Idee, eine Jugend wiederzufinden, eher noch den bitteren Geschmack einer Regression. Vielleicht ist es in der Tat auch eine, aber ich möchte diese Notwendigkeit wie eine Veredlung erleben. Ja, genau das ist es: Die Geburt ist eine Veredlung der Seele!«

Rebekka spricht zu uns mit einer solchen Begeisterung, daß diese auf uns übergreift und wir uns in ihre Nähe gezogen fühlen, in diesen Raum zwischen den Wesen, welcher weder den einen noch den anderen gehört.

Etwas von ihrem Wesen versucht nun, uns aus diesem Raum, in dem sich nichts mehr bewegt, herauszubringen. Es scheint, als umgebe uns ihr Wille, um uns so einen Zugang zu ihrer Reise zu ermöglichen. Was wünscht Rebekka denn so heftig? Müssen auch wir den gleichen Weg wie sie gehen, mit all seinen Windungen?

Ihr Wunsch ist wie ein Wärmefluß, gegen den unsere Seele nichts entgegenzusetzen hat. Man muß ihre sanfte Entladung und ihren Freudenschwung, der Mauern versetzen kann, einfach akzeptieren ... Wir werden wie von einem Wirbelwind hinweggetragen und befinden uns nun inmitten einer Kugel; nie haben wir ähnliches wahrgenommen und können uns auch gegenseitig nicht deutlich unterscheiden. Aber vielleicht ist diese Sphäre nichts anderes als eine Hilfe für unseren Geist, als ein Schlüssel, der uns Zugang verschafft zu einem Punkt des Bewußtseins, der erforscht und speichert ... Und jetzt ... jetzt weitet sich die Sphäre, und wir verwandeln uns zu einem einzigen Auge, das sich irgendwo in einem Auto, einen großen und unpersönlichen Auto, sicherlich einem Taxi, befindet ...

Auf dem breiten Rücksitz aus grauem Samt sitzt friedlich Rebekkas Mutter, in Begleitung ihrer Mutter. Sie scheinen über unzählige Dinge zu diskutieren, während draußen die Stadt vorbeizieht, wie ein farbiges, genau festgelegtes Ballett. An der Ecke einer breiten Straße

strecken sich mehrere Palmen im grellen Scheinwerfer-
licht gen Himmel. Das Meer kann nicht weit sein.
Manchmal, zwischen zwei Häuserblocks, glaubt das Auge
eine unerhoffte Horizontlinie zu erfassen und entdeckt
das sanfte Säuseln einer riesigen Bucht.

»Ich muß noch ein bißchen in ihrer Nähe bleiben ...«
Erneut läßt sich Rebekkas entschiedene Stimme in uns
vernehmen. »Ich muß ihr etwas geben, außerdem
braucht sie meine Nähe, auch wenn sie es nicht weiß.«

»Was willst du, Rebekka?«

Die Antwort unserer Freundin ist eher ein Flüstern.
Es ist wie das schüchterne Eingeständnis eines Wesens,
das zum ersten Mal so etwas wie Liebesdrang zeigt.

»Ich möchte sie pflegen, sie ein wenig trösten ...«

»Aber warum genierst du dich dann so? Man zögert
nicht, seiner Wut Ausdruck zu verleihen, warum dann
zögern, wenn ein Lichtstrom aus dem Herzen fließen
möchte?«

»Ich weiß nicht, ob ich mich verständlich machen
kann ... es handelt sich hier um meinen ersten konkreten Schritt in Richtung auf das Leben dieser Welt, um
meinen ersten Liebesausdruck gegenüber meiner Mutter ... Ich weiß jetzt, daß ich sie endgültig annehmen
werde. Die Pflicht und die vage Erinnerung an eine, ich
weiß nicht welche, Beziehung haben jetzt etwas anderem
Platz gemacht. Ihr selbst habt es mir gesagt ... ich habe
sie ›Mama‹ genannt ... Und jetzt werde ich sie pflegen,
ich werde einen richtigen Kahn beladen mit allem, was
ich bin, zu ihrem Ufer entsenden. Vielleicht hört sie mich
dann eher?

Ich möchte sie keineswegs pflegen wegen ihres Sturzes oder wegen irgendeiner Krankheit. Ich möchte ihr nur etwas von meiner Kraft bringen, denn sie ist dabei, sich zu verändern, und wie alle Frauen, die das gleiche wie sie erleben, brauchen ihre Seele und ihr Körper manchmal etwas Balsam. Sie gibt mir ihren Körper, und ich schenke ihr etwas von meinem Atem.

Ich möchte, daß ihr allen Frauen und Männern erklärt, daß diejenigen, die wieder auf die Erde kommen, ihre Eltern in die Arme nehmen können, bevor diese es ihrerseits tun können. Man hat uns dies beigebracht, und unser Herz tut das übrige.«

»Willst du damit sagen, Rebekka, daß die Seele eines Kindes, das sich inkarniert, sich um den Körper seiner Mutter Sorgen macht?«

»Nicht nur um ihren Körper macht sie sich Sorgen, sondern auch um ihr innerstes Wesen. In bestimmten Bewußtseinswelten wird dies gelehrt. Der Natur und ihren Aufgaben zu helfen wird eines der großen Ziele der künftigen Menschheit sein. Natürlich kann diese Hilfe ganz klein anfangen. Vor bereits langer Zeit meinte einmal einer meiner Lichtfreunde: ›Das Leben leidet unter einer zu großen Menge an passiven Zuschauern, denn es ist Aktion, wie Liebe auch Aktion ist.‹

Damit ihr davon Zeugnis ablegen könnt, war es mein Wunsch, daß ihr mich bis hierhin begleitet. Dieses Geschenk, das ich meiner Mutter machen möchte, kann jedes Wesen, das liebt, einer schwangeren Frau machen. Ich möchte unbedingt, daß ihr von dieser Form des Handelns berichtet. Sie verlangt weder nach einer besonderen Technik noch nach einer gewissen Routine im Umgang mit Heilbehandlungen, sondern nur nach der Reinheit des Herzens und nach einer ganzen Menge Liebe. Aber schaut einmal selbst und versucht bitte zu erspüren, was geschieht.«

Irgend etwas hat sich in dem großen Fahrzeug, das unbeirrt über den Asphalt der Boulevards gleitet, verändert. Die beiden Frauen sind in tiefes Schweigen versunken. Gewiß berührt Rebekkas Anwesenheit ihr Bewußtsein, und sicherlich gibt es darin einen Platz für den Zauber des Augenblicks.

Ab und zu huschen die Lichter der Stadt und die der Verkehrsampeln über ihre Gesichter, tauchen sie in merkwürdige Farben und verschwinden.

Erneut haben wir den Eindruck, als wolle unser Bewußtsein sich erweitern. Wir sind nicht mehr als ein Punkt, der sieht, denkt, empfindet, und jetzt möchten lange, malvenfarbige Flammen aus diesem Punkt lodern wie Arme, die sich bewegen.

»Schaut her, empfindet, was geschieht«, wiederholt Rebekka, »dieses Licht, das ihr wahrnehmt, fließt aus jedem Wesen, das Frieden und Trost bringen möchte. Ein Körper, der einen anderen schafft, braucht oft diese Tröstung... Nicht etwa, weil er krank ist oder gar traurig; nein, ich meine nicht diese ›Tröstung‹, sondern eine andere Kraft, die Körper und Geist mit ihren ständig veränderlichen Energien zusammenhält.

Schaut her... Ich lege jetzt meine Hände auf die Zonen ihres Körpers, die nach Befriedung und freiem Lebensfluß verlangen, denn es gibt im Körper einer künftigen Mutter Bereiche, wo sich das, was ihr Prana nennt, staut. Man muß sie nur kennen. Es handelt sich in erster Linie um den Kreuzbeinbereich und um den Nacken. Zunächst müssen diese beiden Zentren miteinander in Einklang gebracht werden, und hierzu lege ich eine Hand auf die eine und die andere auf die zweite Stelle. Ein drittes Zentrum knapp über dem Nabel ist ebenfalls wichtig, denn es handelt sich um einen Punkt, wo das Bewußtsein sich festsetzt. Man muß ihm also eine gewisse Stabilität eingeben, indem man eine Handfläche auf die Bauchseite und die andere auf den Rücken auf dieser Höhe legt.

Ferner verlangen auch die Stirn- und die Fußsohlenzentren nach ihrem Anteil am Licht ... aber ich habe den Eindruck, als lehrte ich euch eine trockene und dürftige Methode, indem ich die Dinge nur einfach so aufzähle ...

Wißt ihr, als meine Freunde mich dies alles lehrten, fragte ich sie: ›Ist das alles?‹ Sie lachten über meine Frage und mein Bedürfnis nach Komplexität ... ›Ja, dies ist alles‹, meinten sie nur. ›In der Tat handelt es sich hier nicht um einen therapeutischen Eingriff, sondern nur um eine Geste voller Liebe, die bestimmte Wirkungen zeigt. Die Wege der Liebe sind stets einfach, denn sie entsprechen einer kindlichen Logik.‹ Bitte, macht dies euren Lesern klar, denn es gibt keine noch so kleine Liebesgeste, die nicht wert wäre, daß man sie ausführt ...«

Rebekka ist nunmehr nur noch eine einzige Energie, die sich hingibt ... Der malvenfarbene Schimmer ihres Wesens füllt den ganzen Innenraum des Wagens aus und fokussiert sich dann auf den Rücksitz und auf die Silhouette ihrer Mutter, die nun die Augen geschlossen hat und einen langen Seufzer ausstößt ...

In dem Licht, das sie umgibt, beginnen jetzt Formen herumzuwirbeln wie der Stab eines Dirigenten. Alles folgt einem zugleich präzisen und lockeren Rhythmus, denn jeder Lichtstrahl kennt genau seine Bestimmung, bevor er im All verströmt.

Uns kommt es vor, als könne die Fahrt noch ewig dauern, ohne daß wir ihrer überdrüssig würden, aber der Blick des Fahrers in den Rückspiegel und seine rauhe Stimme rufen uns in eine andere Realität zurück.

»Sie sind wohl eingeschlafen ... wir sind angekommen!«

Februar

»Wer kann mir sagen, was eine Seele ist, liebe Freunde? Wer von euch kann es mir sagen?«

Das Wesen, das diese Frage stellt, läßt seinen feurigen Blick über die Anwesenden gleiten. Es erinnert uns mit seiner etwas dunklen Haut und seinen pechschwarzen Haaren an das Bild eines amerikanischen Indianers, voller Stolz, Bescheidenheit und Geheimnis. Wir wissen weder, wer diese Person ist noch welche Rolle sie spielt. Wir wissen nur, daß Rebekka uns vor ein paar Augenblicken erneut gerufen hat, haben aber keine Ahnung, wo sie uns genau erwartet. Sobald das Licht uns neben sie katapultiert hatte und wir die Frische ihrer Hände spüren konnten, wurden wir so sehr von diesem Schauspiel eingenommen, daß wir nicht einmal zu fragen wagten.

Unsere Blicke reißen sich nun von diesem Wesen mit den dunklen Haaren los und wandern durch den Raum, in dem wir uns befinden. Es handelt sich um einen weiten, halbmondförmigen Saal, wo etwa zweihundert bis dreihundert Wesen versammelt sind. Von seiner architektonischen Form erfaßt das Auge nur eine dreifache Reihe weißer Säulen, die sich weit oben zu einer Art Gewölbe vereinen. Das Licht, das jedes der Wesen umgibt, ist von einem sehr zarten Blau; eine lebendige, angenehme Farbe, die aus diesem Raum ein wahres Kleinod macht, wo man sich wohl fühlt.

Erneut stellt das unbekannte Wesen seine Frage: »Was also ist eine Seele? Ist es der Atem, der im Augenblick des Sterbens aus dem Körper weicht? Aber dann, bitte, was ist dann der Tod? Und wo sind die Toten? Der Tod ist stets das Verborgene auf der anderen Seite des Schleiers, egal, auf welcher Seite man sich befindet. Er ist dieses Ausrufezeichen, dieses Fragezeichen, dieses mögliche Land, für das man so oft glaubt, kein Einreisevisum zu haben! Und genau wegen dieses Einreisevisums habe ich euch, liebe Freunde, hierherbestellt, damit ihr in euch das schönste Visum prägt, das es je gegeben hat. Aber es muß euch klar sein, daß nicht ich es bin, der dies euch schenkt oder in eurem Herzen prägt. Ich bin nur so eine Art ... Schreiber der Einwanderungsbehörde, wenn ihr diesen Vergleich erlaubt. Ich führe euch lediglich wieder in die Geheimnisse der Erde ein.«

Ein amüsiertes Murmeln durchläuft die Versammlung.

»Dies ist einer unserer großen Brüder«, erklärt uns Rebekka, deren Anwesenheit an unserer Seite nun noch deutlicher geworden ist, »er ist immer so: eindringlich, feierlich, sanft und gleichzeitig sehr lustig!

Regelmäßig versammelt er hier einige von denen, die auf Erden wiedergeboren werden und die gleichzeitig unter sich und mit ihm in Harmonie sind. Ich selbst sehe ihn sicherlich heute zum ersten Mal. Mein physischer Körper ist nunmehr so weit entwickelt, daß es mir nicht leichtfällt, hierher zurückzukommen. Wir sind ja nicht alle auf der gleichen Inkarnationsstufe.«

»Meine Freunde«, fährt das Wesen mit der dunklen Haut fort, »ihr wißt genau, daß ich euch nicht erneut hierherkommen ließ, um einen Vortrag zu halten. Meine Worte sind nur dann von Wert, wenn sie euch innerlich berühren und etwas Lebendiges in euch erwecken, wenn sie Bausteine in eure Hände legen. Verstehen bedeutet mehr als nur Aufzeichnen, es heißt vielmehr, ein Licht mit sich zu nehmen und dieses dann seinerseits voll zu entfachen...

Ich habe euch nach der Definition der Seele gefragt; es ging mir dabei weder darum, euren Intellekt zu prüfen noch um ein allgemeines Heimsuchen in eurer Erinnerung. Nein, es handelt sich einfach darum, euch ganz konkret auf die großen Dinge vorzubereiten, die ihr bald erleben werdet... oder die ihr schon erlebt.

Jenseits des Vorhangs, den ihr bald durchschreiten werdet, erwartet jeder einen Körper, in dem eventuell eine Seele wohnt. Auf dieser Seite des Vorhangs, hier also, meint jeder im Gegenteil, eine Seele zu sein, die früher oder später einen Körper annehmen muß...

Was macht ihr also genau? Ihr verbreitet weiterhin Trennung und pflegt erneut den Dualismus. Sehen wir die Dinge ganz klar! Im Augenblick seid ihr nicht mehr Seele als Körper. Ihr seid eine Art Lebensraum, der vorübergehend eine Persönlichkeit mit einer ebenso vorübergehenden Form hervorgebracht hat. Und dieser Lebensraum ist eure Seele; ihr könnt ihn noch nicht sehen, und er ähnelt einem unwahrscheinlich reichen Archiv. Es ist also nicht diese Form, dank der ihr mich jetzt hört, die in eine neue Wohnung hinabsteigt; vielmehr wird ein Ganzes an Wirklichkeiten und an Bewußtseinsschichten sich auf einem Ganzen an dichten Teilchen festsetzen. Aber eure Seele habt ihr somit noch nicht wiedergefunden; deswegen möchte ich euch heute die Seele etwas genauer vorstellen. Es ist wichtig, daß ein starkes und wahres Bild von ihr euch bis weit über den großen Weg hinaus begleitet. Sie ist zwar nicht euer Ziel, ist aber eine wichtige Etappe, und deswegen müßt ihr sie erfassen, unterscheiden und dann über sie hinausgehen können. Mein Wunsch ist es, heute in euch einen Willen zu säen, der nach Meinung all derer, denen die Last dieser Welt obliegt, als heilig anzusehen ist. Es handelt sich um den Willen, in sich die Erinnerung an seine eigene Ganzheit aufrechtzuerhalten. Dies entspricht dem Willen, in jedem nur möglichen Augenblick des Lebens über den begrenzten Rahmen der inkarnierten Persönlichkeit hinauszugehen. Und schließlich handelt es sich um den Willen, an sich selbst zu arbeiten, um so besser am Universum arbeiten zu können.

Was ihr als ›Seele‹ bezeichnet, sind in der Tat nur unter ihr sich befindende Wirklichkeiten wie euer Emotionalkörper, eure Mentalebene und eure Kausalerinnerung. Dies alles inkarniert sich auf eine sehr dichte Art und Weise und verwirrt das Spiel. Was ihr also ›Seele‹ nennt, ist eher eine ›Seelen-Persönlichkeit‹. Sie inszeniert das Leben dessen, der sich mit seiner vorübergehenden Maske identifiziert. Sie ist auch das Ego, diese Art von Ton, von Lehm, den alle Weggefährten und alle Begegnungen so leicht formen und verformen können.

Mein Ziel ist es, liebe Freunde, daß der Säugling, der jeder von euch bald werden wird, in sich diese Wahrheit fest verankert, damit sie den Weg vom Leib seiner Mutter zur Welt der Menschen mit dieser fest im Herzen verankerten Erinnerung zurücklegt. Mein Ziel ist es, daß möglichst viele unter euch bewußt auf die Welt kommen und dieses Bewußtsein so lange wie möglich gegen jede Störung schützen können.

In den ersten Monaten nach eurer Erdengeburt wird eure Seelenpersönlichkeit versuchen, so viele Chancen wie möglich auf ihre Seite zu ziehen. Von nun an hängt die Stellung eurer inneren Sonne nur ab von eurer Möglichkeit des Erwachens, von eurem Willen zu lieben und eurem Wunsch, die ›Erinnerung‹ aufrechtzuerhalten. Von diesem Augenblick an zählen die Umstände eurer Rückkehr wenig, da eure Bewußtseinsöffnung euer Kompaß sein wird. Sie garantiert im Verborgenen in euch die Hauptzielrichtung eures Weges und führt euch immer wieder, trotz existentieller Verwirrungen und Abschweifungen, darauf zurück.

Meine größte Hoffnung ist, daß ihr nicht auf die Welt kommt wie jemand, der in einen tiefen Schlaf versinkt. Daß eure Rückkehr euch nicht als Untergang erscheint, sondern als ein gewolltes und vorbereitetes Anlegen an einem anderen Ufer!

Viele eurer Brüder in dieser Welt haben noch nicht das gleiche Glück wie ihr in diesem Augenblick. Sie sind noch jung in der Kraft ihrer Liebe und schwach in ihrer Fähigkeit, die Augen zu öffnen. Sie verlangen stets nach äußeren Zierden und bedienen sich auch einiger Schlafmittel ... oder Aufputschmittel für ihr Ego. Denkt immer daran, daß, auch wenn ihr sie hier nicht trefft, sie bald euren Erdenweg kreuzen und daß gerade sie es sind, die euch unbewußt danach fragen, ob ihr die ›Erinnerung‹ wohl bewahrt habt. Selbst wenn ihr meint, ihnen ihre Tierfelle herunterreißen zu müssen, so dürft ihr doch nie vergessen, daß ihre Rolle euch gegenüber sich damit nicht ändern wird.«

Rebekka beugt sich zu uns herüber und flüstert voller Emotion: »Genau das wollte ich euch sagen ... ich möchte bewußt geboren werden. Immer zahlreicher sind die, die sich so inkarnieren wollen und können. Dies müßte uns helfen, der aus den Fugen geratenen Welt wieder Form und Kraft zu geben. Deswegen ist es auch heute viel wichtiger als früher, daß die Eltern die Worte ihrer Neugeborenen erfassen und ihnen etwa folgendes sagen: ›Ich verstehe dich und erahne deine Bilder, die du noch in dir trägst.‹ Ohne dabei gleich aus ihnen Erwachsene machen zu wollen, oder sogar Meister oder allwissende Kreaturen ... es sind doch immer noch Kinder! Ich weiß sehr wohl, daß, sobald ich mit meinem kleinen Körper eins sein werde, ich den Blick verstehen kann, der mich versteht; aber nicht den, der jeder meiner Launen nachgibt, der bei jeder meiner Tränen aufspringt, sondern nur den, der seinen Blick tief in meinen versenkt, ohne Angst und ohne den Wunsch, in meiner Seele ein wenig herumzustöbern, nein, nur einfach so, vielleicht um mir nur zu sagen: ›Die Tür ist wirklich offen.‹«

Während Rebekka diese Worte langsam zu Ende bringt, hat sich nach und nach in der weiten Runde eine schöne und tiefe Stille breitgemacht. Unser Blick wandert nun von einer Säule zur anderen, von einem Gesicht zum nächsten. Alle Wesen unter diesem einfachen und erhabenen Gewölbe scheinen ohne Alter. Kein Fältchen auf der Stirn, keine Verbitterung in den Mundwinkeln und kein Gewicht, das ihnen das Rückgrat krümmt. Sie sitzen alle da wie ein Stückchen Leben, über das man verfügen kann. Ihre Profile, ihre Gesichter und ihre Augen haben alle etwas Identisches an sich, das aus ihnen Mitglieder derselben Familie macht.

Schaut man sie jedoch genau an, diese Frauen, Männer, Kinder, wie groß sind doch die Unterschiede! Jeder von ihnen vereint in sich allein tausend Geschichten, tausend Leben und ebenso viele Hoffnungen.

Sie lernen ein letztes Mal, wie man geboren wird, so wie wir zu sterben lernen sollten, das heißt voll innerer Heiterkeit und vertrauensvoller Freude.

»Ich hoffe, daß dieses Leben, dem ihr begegnen werdet, euch über euer Ich hinausgehen läßt. Wißt, daß die Umstände, die ihr antreffen werdet, euch in Verbindung bringen mit eurem eigenen Hüter, und damit meine ich den Hüter eurer wirklichen Seele. Ihr habt stets die Wahl, ihn als solchen zu erkennen und ihm zuzulächeln, oder aber ihn als Feind anzusehen, d. h. ihn überhaupt nicht zu beachten. Diesen Hüter werdet ihr weder nach einer langen bewußten Vorbereitungsphase noch in besonders feierlichen oder romantischen Umständen treffen. Vielleicht erscheint er sogar ohne Gesicht oder in einem Augenblick, wo ihr ihn am wenigsten erwartet, denn er ist eine Energiemasse, deren Ursprung in euch selbst liegt. Es handelt sich um den äußersten Schutz-wall, den euer Stolz und euer Egoismus in jeder eurer verschiedenen Existenzen aufgebaut haben und der jetzt endlich die ersten Risse zeigt, so daß ihr ihn mit viel Lie-be, Willen und Geduld zum Umstürzen bringen könnt.

Es kann sich um einen inneren Ruf handeln, den ihr vernehmt oder unterdrückt, vielleicht auch um eine Un-terschrift, die ihr den Mut habt zu geben oder abzuleh-nen. Dieser Augenblick kann sich unter tausend verschie-denen Aspekten manifestieren und Gelegenheit geben, euch daran zu erinnern, was ihr nicht seid. Eure Seele befindet sich jenseits dieser letzten Widerstände des ›Ich-Ich‹, die euer Handeln noch beeinflussen. Sie ist die edle und starke Quintessenz aus jeder eurer Übergangs-persönlichkeiten, die Pforte zum Selbst und das Vorzim-mer zu eurem Geist.

Jetzt, in diesem Augenblick, wo ich zu euch allen re-de, spreche ich nicht zu Seelen, sondern zu vergängli-chen Einzelpersonen, die die oder die Gestalt oder den oder den Charakter angenommen haben, um so leichter ihre Entwicklungslinie zu finden. Ihr solltet dies mit gol-denen Buchstaben auf euren ›Marschbefehl‹ schreiben, damit diese Wahrheit immer, wenn ihr euren neuen Kör-per einnehmt, wie ein Juwel in eurem Herzen bleibt.«

Während das Wesen in seinem Vortrag fortfährt, wer-den wir uns erst richtig der genauen Lage bewußt, in der wir uns befinden: Wir sitzen alle auf dem Boden dieses großen, bläulichen Saals, allerdings nicht auf Fliesen, sondern auf einem Rasen. Rebekka hat natürlich sofort unsere Verwunderung und unser Entzücken bemerkt.

Gleichsam als Zeichen ihres plötzlichen Verstehens dieser Verbindung von Natur und menschlicher Einwirkung streicht sie zärtlich über einige Grashalme ...

»Seht ihr, das sind solche Dinge, die man leicht vergißt, wenn man noch nicht *in* seiner Seele ist. Das Glück, hier zu leben, wo alles sich nach den Wünschen des Herzens vereint, verblaßt ebenso leicht wie das Glück, das man über sein Leben auf der Erde empfinden kann. Und so steigen wir so lange auf die Erde hinab, bis nichts mehr verblaßt bis man aufhört, immer ›auf etwas anderes‹ zu hoffen. Man altert und stirbt dann, wenn man sich in die schlammigen Gefilde der Gewohnheit begibt ...

Ich wollte euch unbedingt hierherbringen, damit ihr mit mir einen der letzten wirklichen Kontakte mit dieser Welt erlebt; ferner wünschte ich auch, daß ihr dieses Wesen einmal erlebt, das sicherlich einer der größten Führer ist, den wir haben. Er ist ein Mensch wie wir alle, nur ist er sich selbst bereits begegnet, als wir alle noch schlummerten. Auch er wird wieder auf die Erde zurückkehren, wenn die Umstände es erfordern, aber, um ehrlich zu sein, ich weiß nicht viel über ihn. Seit ich seinem Unterricht folge, ist mir aufgefallen, wie sehr er ständig versucht, uns auf uns selbst zu verweisen, d. h. eine ganze Menge an Stützen zu entfernen, von denen wir bislang annahmen, es handele sich um absolute Wahrheiten oder um unerschütterliche Gewißheiten. So stellte ich mir noch vor kurzem vor, daß, je mehr ich in das Verstehen des existentiellen Räderwerks vordringe, ich desto genauer dessen Vielschichtigkeit erfassen könne. Und doch ist dem keineswegs so, und ich stelle fest, daß das Gegenteil der Fall ist! Ich bemerke immer mehr, daß eine große Einfachheit alles lenkt und leitet.

Es gibt Orte in anderen Zonen dieser Welt, wo man sich darum bemüht, eine gewisse Technik zur Inkarnation in einen Körper zu erarbeiten. Es handelt sich um eine Art Klinik, in der man offenbar die grundlegenden Dinge über Metamorphose und Modulation des Lebens vergessen zu haben scheint. Aber diese Einrichtungen bestehen nur für diejenigen, die noch eine gewisse Sicherheit bezüglich ihrer eigenen Verwandlungsmöglichkeiten brauchen. Hier dagegen lehrt man uns eher, allein zu sein, d. h. nur mit dem Prinzip, das das ganze Universum in Bewegung hält.

Wenn ich mich so reden höre, muß ich unwillkürlich lächeln, denn ich merke, wie sehr ich eine Unterrichtsstunde wiedergebe, die ich noch nicht einmal selbst vollkommen erfaßt habe ... Sobald ich meine ... Seele ein wenig mehr freilegen will, habe ich Angst und suche schnell nach ein paar Stützen, an denen ich mich festhalten kann. Ich glaube, daß das Leben ein langsames Entblättern falscher Gewißheiten ist. Wir müssen verstehen, was ein Weg in Richtung Leere bedeutet, bevor wir erkennen können, daß es diese Leere selbst gar nicht gibt.«

»Ich möchte euch nun ein wenig von diesem berühmten Atomkeim sprechen ...«

Die Stimme des Lehrers mit dem pechschwarzen Haar erhebt sich plötzlich wieder in dem Säulenraum. Rebekka richtet sich auf, und wir sehen in ihrem Blick eine Flamme, die ein sicheres Zeichen für ein Kreuzen von Wegen und für ein klarer erfaßtes Ziel ist ...

»Der Atomkeim ist nichts anderes als ein riesiges, erstaunliches Gedächtnis, welches der Geist, aus dem jeder von uns entstanden ist, in den von ihm hervorgebrachten Seelen entwickelt hat. Dieses Atom ist das Ergebnis eurer verschiedenen Herkünfte und der gesamten und unendlich genauen Summe der Erfahrungen, die diese Ursprünge seit jeher ausgelöst haben. Wenn ihr erlaubt, liebe Freunde, werde ich euch nun etwas genauer in das Verständnis dieser Tatsache einführen. Wenn wir dieses Phänomen erwähnen, sprechen wir stets etwas schematisierend vom ›Atomkeim‹. Der wahre ›Atomkeim‹, der zu einer Seele gehört, spaltet sich so in viele andere Atomkeime auf, wie das Ich für seine Inkarnation verlangt.

Es gibt also einen Atomkeim für den physischen Körper, einen anderen für den ätherischen Plan, wieder einen anderen für den Emotionskörper, und so weiter für alle Seinsformen der Persönlichkeitsseele. Jedes dieser Atome speichert Informationen, die von einem Leben zum anderen mitgenommen werden; das Atom ist sich also stets gleich, nur wird es immer reicher an Informationen. All diese Atomkeime und all diese Gedächtnisse haben das eine Ziel, aus euch das zu machen, was ihr seid oder was ihr sein werdet. Einige dieser Elemente schließen sich dann so eng zusammen, daß man sie verwechseln kann. So ist zum Beispiel das, was die Menschen allgemein das ›Zellengedächtnis‹ nennen, das Ergebnis der Daten des ätherischen und des physischen Atomkeims. Das Zellengedächtnis ist der Abdruck der

Spuren - oder vielmehr der Narben –, die die verschiedenen Leben auf einer Lebenshülle oder auf den materiellen Zellen, deren Entwicklung diese Hülle ermöglicht hat, hinterlassen haben. Jetzt versteht ihr auch besser die Ursachen der sogenannten ›spontanen Reaktion‹, die nicht unbedingt die Konsequenz einer schlecht kontrollierten Erregbarkeit sein muß.

Der Atomkeim eures physischen Körpers, der sich im Augenblick herausbildet, wurde durch den Samen eures Vaters erneut der materiellen Welt eingeflößt. Dieser Samen erhielt diesen Keim in seiner Gesamtheit bei der astralen Konzeption, die vor der körperlichen Empfängnis stattfand.

Aber ich ahne schon eine eurer Fragen ... Versucht zunächst einmal, dies alles in euch aufzunehmen. Der Atomkeim des physischen Körpers enthält keine genetischen Informationen. Die Genetik steht auf einem ganz anderen Blatt ...

Eure Artgenossen auf der Erde würden, in ihrer heutigen Sprache, jeden Atomkeim als ›Datenbank‹ bezeichnen, die von einem bestimmten Lebens- oder Bewußtseinsniveau herstammt.

Wenn körperliche Eigenschaften eines Wesens manchmal in verschiedenen Existenzen wieder anzutreffen sind, so bedeutet dies, daß der Atomkeim des physischen Körpers sich voll ausdrücken kann und daß er in seiner Manifestation voll von den Atomkeimen der anderen Körper unterstützt wird, vor allem, wenn diese stark von besonderen Umständen geprägt worden sind. So sind zum Beispiel bestimmte Flecken auf dem physischen

138

Körper nichts anderes als die Spuren starker Verletzungen aus einem früheren Leben.

Es gibt eine Möglichkeit, die Aktion des Zellengedächtnisses zu unterbinden, und diese Möglichkeit habt ihr, liebe Freunde, solange ihr noch nicht vollkommen in eurem Fötus seid. Ihr Name entlockt euch kein Lächeln mehr, wie dies zu anderen Zeiten noch der Fall war... Ihr habt es geraten, diese Möglichkeit heißt Liebe, Liebe eurer Mitmenschen zu euch, eure Liebe zu anderen, Liebe zum Leben... Sie kann euch von Schuldgefühl befreien, von altem Groll oder von Rachsucht, die stets die Entfaltung eurer Seele verhindern. Die Liebe ist auch diejenige, die animalische Gefühle und perverse Gedankenströme entschärfen sowie den Phänomenen des Zellengedächtnisses Tür und Tor öffnen kann.

Frieden in eurem Herzen bedeutet auch Frieden in eurem Körper. Bringt Frieden denen, die euch aufnehmen, und Frieden wird auch in eurem Herzen sein, Versucht also anders zu sein als die Skorpione, deren Stachel ins eigene Fleisch sticht. Geht durch die Flammen des Verzeihens. Ihr seid hier versammelt, weil ihr schon eine gewisse Wegstrecke hinter euch habt und ihr deswegen diese Dinge nicht nur hören, sondern auch verstehen könnt. Ihr seid hier versammelt, weil ihr in nächster Zukunft einen Körper annehmen werdet, wobei ihr die Möglichkeit habt, diesmal die Zügel etwas fester zu halten als in eurem letzten Leben. Ihr müßt jetzt ganz fest in euch den Willen verankern, nicht den Leidenschaften einer Existenz nachzugeben. Bei jedem Hinabtauchen in den Leib eurer Mutter verlangt das Leben von euch, der

Flutwelle des Ego zu entsagen. Dies ist notwendig, damit in dem Augenblick, wo eure Augen sich der Sonne der Menschen gegenüber öffnen, euer Blick die Wirklichkeit dieses tausendmal mächtigeren Sternes widerspiegelt.«

Wie Blumen fallen diese letzten Worte in die Herzen der Anwesenden und prägen dort ihren Duft auf immer und ewig ein. Kein Wort dringt in diese äußerst intensive Stille, die bis zum Gewölbe emporsteigt. Nur Rebekka wirft uns einen schelmischen Blick zu. Ihre Lippen beben ein wenig, halten einen Schrei, ein Lied zurück; sie ist froh, uns hierher mitgenommen zu haben, mit zu denen, die die Schwelle bald überschreiten werden ...

Das Wesen mit den pechschwarzen Haaren schlüpft zwischen den weißen Säulen hindurch und verschwindet in der Menge, die ihm in einem friedlichen Durcheinander gefolgt war.

Im Bruchteil einer Sekunde spüren wir, daß Rebekka nicht mehr an unserer Seite ist. Ihre katzenhafte Gestalt, die uns noch jünger, noch jugendlicher erscheint als wenige Augenblicke zuvor, hebt sich kaum von den Körpern ihrer Weggenossen ab. Überall erschallt Lachen, umarmt man sich; große Lichtmengen werden ausgetauscht, und alles erinnert an eine riesige Lebensfreude, die alles mit sich reißen kann ...

Wo sind eigentlich diese steifen Gesichter, diese traurig in sich gekehrten Gestalten, diese in mysteriöser Ferne verlorenen Blicke, die man uns bei der geringsten Erwähnung des »Jenseits« verheißt? Es gibt sie nicht! Zusammen mit den Dogmen sind sie von hier verschwunden. Geflohen sind sie vor dem Leben, das sich so ausdrückt und so sein will, wie es ist.

Hinter dem Säulenrund geht der Rasen noch ein bißchen weiter, und dann kommt Sand, immer wieder Sand und Dünen bis ins Endlose. Wie seltsam dieser Rahmen, den die Lichtwesen geschaffen haben! Er vermittelt den Eindruck fröhlicher Einsamkeit, obwohl alles so dicht bevölkert ist.

»Die Nacktheit des Sandes ist eine logische Einführung in die Stille der Innenwelten, oder etwa nicht?«

Erneut erscheint Rebekka neben uns. Hatte sie uns denn wirklich verlassen? Der Bewußtseinskörper bewegt sich mit einer solchen Geschicklichkeit hin und her, daß der einfache menschliche Blick darin stets ein Wunder sieht.

»Meine Freunde sind bereits nach Hause gegangen«, fährt Rebekka fort. »Sie leben jetzt in dem Kokon, den ihr Herz zwischen der Erde und hier gesponnen hat.«

»Du sagtest gerade: zwischen der Erde und hier. Aber was bedeutet dieses ›hier‹ für euch?«

»Ich weiß es nicht...., genaugenommen haben wir hierfür gar keinen Namen. Denn wir haben stets den Eindruck, auf Erden zu sein. Und ich glaube auch, daß wir dort ebenso sind wie ihr. Hat man zwei Wirklichkeiten, ist eine davon wahrer als die andere? Ich habe wohl verstanden, daß alles ›hoch oben‹ geschieht.«

»Es ist uns klar, Rebekka, daß diese Welt hier Wesen entspricht, die bereits die Möglichkeit hatten, eine subtilere Idee vom Leben zu entwickeln. Ihr wißt also alle, daß ihr wieder auf die Erde zurückgeht; aber es ist doch sicherlich anders in anderen Bewußtseinssphären? Könntest du uns eventuell davon etwas erzählen?«

»Ich kann es nicht nur, ich bin sogar sehr froh darüber, dies mit euch zu besprechen, zumal dieser Begriff der Rückkehr in die Materie mir anfangs einige Schwierigkeiten bereitete. Eine Zeitlang konnte ich dies weder verstehen noch akzeptieren, und vielen unter uns erging es nicht anders. Nichts in dem Milieu, in dem ich lebte, hat mich mit der Idee der Reinkarnation vertraut gemacht. Ich wußte nicht einmal, daß es so etwas gibt. Mein letztes Leben war das einer einfachen Dorfbewohnerin ohne jede Bildung. Wir hatten etwas Land, das uns erlaubte, ohne Probleme zu leben, und der Gottesdienst am Sonntag war die einzige Gelegenheit, die wir uns gönnten, an etwas anderes zu denken als an das Alltägliche. Ein Onkel von mir war Pfarrer, und alles, was nicht von der Kirche ausging, war auf jeden Fall den ewigen Flammen geweiht. Damit war jede Diskussion von vornherein ausgeschlossen, und niemand hatte daran etwas auszusetzen, erschien das doch als eine praktische und einfache Anleitung zur Rettung seiner Seele. Nach meinem Ableben begann ich dann, die Lichtwelten zu entdecken, aber in meinem Bewußtsein hatten sich einige Versteifungen deutlich gemacht. So habe ich ohne zu zögern die Idee akzeptiert, daß das Leben mit dem Tod nicht zu Ende ist, denn dies war für mich sogar einleuchtend; auch habe ich die Vorstellung akzeptiert, daß dieses Leben sich unter tausend Facetten zeigen konnte, denn ich erfuhr ja unaufhörlich diese Wahrheit, aber die Idee, daß meine Reise noch nicht zu Ende sein sollte, versetzte mich in Empörung. Und die Wesen, die ›zufälligerweise‹ meinen Weg kreuzten, brachten mir dies auch nur nach und nach bei. Heute verstehe ich, daß diese offenbar zufälligen Begegnungen Teile eines außerordentlich gut durchdachten Planes waren, den ein Wille, der alles von mir wußte, aufgestellt hatte.

All dies geschah so gut und so logisch, daß in mir die Notwendigkeit, wenn ich diesen Begriff hier einmal benutzen darf, erneut in einem menschlichen Körper geboren zu werden, ganz selbstverständlich wurde. Am Anfang war diese Selbstverständlichkeit nicht ganz leicht zu akzeptieren, aber dann machte sich die Wirkung einer wunderbaren Logik bemerkbar, denn sie stellte sich heraus als ein ausgezeichnetes Mittel, das Ziel zu erreichen, das meine Religion mich nur so unzureichend gelehrt hatte.

Seitdem hat sich irgend etwas in mir geöffnet, und ich verspüre in mir keine wirkliche Grenze mehr. Ich lebe nur noch für das ›Ziel‹, und dies ist nicht einmal eine traurige Angelegenheit. Trotz meines Zögerns komme ich mit dem Licht immer ein bißchen mehr in Berührung. Wenn ich jetzt wieder einen festen Körper annehme, darf ich natürlich nicht voller Heimweh an dies alles denken, nein, ich muß vielmehr voller Gewißheit sein, daß ich etwas am Leben ändern und viel für dieses Licht tun kann.

Seht, wie der Sand um uns verschwindet. Meine Seele, oder zumindest, was ihr ähnelt, mag in Wirklichkeit diese Orte nicht mehr, obwohl ich dort so gerne gelebt und gelernt habe. Meine Seele zieht euch mit sich, in

Richtung auf meine Bestimmung; ich kann nichts dagegen tun, denn mein materieller Körper ist nunmehr so weit herangewachsen, daß er mich immer mehr an sein Dasein erinnert. Er ist nunmehr fast fünf Monate alt, und jedesmal, wenn meine Augen sich hier schließen, um sich in mir zum öffnen, sehe ich ihn in seiner Lichtkugel, ahne ich bereits seine Züge und suggeriere ihm ein Gesicht.

Dann modelliere ich ihn auf meine Art ein wenig und mache dies alles stets mit der Kraft meines Herzens. Ich kann darüber nur glücklich sein, denn wie viele Wesen stehen ihrer Rückkehr ganz unbewußt gegenüber und erleiden ihre Geburt ohne zu wissen, was sie bedeutet.«

Während Rebekka so sprach, sind die Säulen und die Dünen verschwunden. Wieder einmal hat unsere Freundin uns mit ihrem eigenen Lichtmantel umgeben, und sie läßt uns in ihrem weißen Tunnel zwischen den beiden Welten reisen, einem Tunnel, der sich jetzt in alle Richtungen aufweitet wie ein Wille, der atmet...

»Sind diejenigen, die nichts über ihre Rückkehr wissen, zahlreich?«

»O ja! Genauso zahlreich wie die, die meinen, das Ende des Lebens, das Verlassen der menschlichen Hülle sei das Ende von allem. Manchmal bin ich diesen Wesen begegnet. Meine Lehrer ließen mich mehrmals ihr Bewußtseinsfeld durchqueren.

Einige unter ihnen können sich keine Rückkehr vorstellen, da sie sich ihres Weggangs nicht einmal bewußt wurden; in einem solchen Fall erscheint das Licht einiger großer Seelen, schläfert sie ein und verankert sie in einem Fötus, damit sie so erneut geboren werden können. Andere wiederum wissen genau, daß es Zeit für sie ist, geboren zu werden, lehnen dies aber aus Angst vor Problemen ab. Auch diese Wesen verfallen in einen Schlaf, merken es aber und verkrampfen sich in einem letzten, ablehnenden Aufbäumen. Nicht die Furcht vor dem, was man ist, läßt einen die Inkarnation fürchten, sondern eher die Angst vor dem, was man nicht ist. Auch mich überkommt bisweilen noch diese Angst, wenn ich mir sage: ›Nein, bitte noch nicht, mein Haus ist nicht dort!‹ Aber dann verläuft alles wie eine zurückflutende Welle auf dem Sand, und das Gesicht meiner Eltern nähert sich mir wieder.

Ich möchte euch die Geschichte eines meiner hiesigen Freunde erzählen, der im letzten Augenblick von Angst gepackt wurde. Sie ist etwas schmerzlich, verdeutlicht aber sehr gut, was manchmal geschehen kann. Nehmt bitte diese Geschichte mit auf den Weg zu euren Lesern, denn die Liebe, die die Eltern dem Wesen, das zu ihnen kommt, entgegenbringen, und der innere Dialog, den sie mit ihm schon vor seiner Geburt führen können, könnten manchmal ähnliche Probleme vermeiden. Man hat mich gelehrt, daß das Leiden keine Notwendigkeit ist; es ist eine Folge einer Sackgasse, aus der wir alle irgendwie rauskommen müssen. Das Leiden ist nicht unser Lehrer, sondern ein stupider Rohrstock, mit dem wir uns selbst schlagen.

Dieser Freund und Bruder, dessen Geschichte ich euch nun erzählen möchte, war der Meinung, sein Herz ausreichend geöffnet und sein Weltverständnis genügend entwickelt zu haben, als für ihn die Stunde schlug, eine neue Fleischeshülle zu wählen. Allerdings war ein bestimmtes Gefühl bei ihm extrem stark entwickelt, wie übrigens bei den meisten von uns, nämlich der Stolz. Nicht etwa dieser großsprecherische Stolz, nein, etwas viel Subtileres! Eher eine Form von Herausforderung, die man an sich selbst stellt. Gegen den Rat seiner Führer wollte er in dem Leben, das ihn erwartete, möglichst viele Prüfungen vereinen, um so schnellere Fortschritte in der Verfeinerung seines Wesens zu machen. Er fühlte sich dermaßen stark und dermaßen bewußt der Dinge, die er auf Erden zu machen hatte, und der Fehler, die er ausbügeln wollte, daß er sich eine Art von Hindernislauf für dieses Leben vorprogrammiert hatte. Als dann die Stunde seiner Geburt nahte und er langsam das ganze Gewicht seines Schicksals spürte, begann er plötzlich zu verstehen, wie groß seine Eitelkeit war. Er verstand nun, daß er eher für sich selbst alles gewählt hatte, und nichts aus Liebe. Das Gewicht dieses Lebens, das er nun vor sich sah, wurde bald für ihn zum Schrecken und führte zu einer Art Selbstmord: Als er aus dem Leib seiner Mutter kam, hatte er seine Nabelschnur eng um den Hals gezogen... Damit wollte er sagen: ›Nein, ich will nicht mehr!‹

Es gibt Tausende von Geschichten dieser Art, wobei jeder seine eigenen Gründe hat. Sie zeugen nicht immer von einer entschiedenen Ablehnung der Geburt, sondern sind oft auch nur ein Zeichen von Angst, die dann ein Zögern auslöst. Und dies führt dann zu dem, was man eine Geburt in Steißlage nennt. In einem letzten Anflug von Angst macht die Seele kehrt. Sie ›stottert‹ sozusagen ihre Geburt ab ... Erinnert euch an diese Fragen, die uns alle bewegen: ›Was erwartet mich nun? Gibt's nichts Besseres zu tun? Hoffentlich gelingt mir alles!‹ Bei einigen Wesen kann dies sogar bis zur Ablehnung des Atmens gehen ... mit allen Folgen, die man sich leicht ausmalen kann. Gerade wegen dieser Infragestellungen ist es wichtig, daß das innere Licht und die Wärme der Eltern dieses Wesen begleiten. Der Lebenshygiene, die eure Ärzte von einer künftigen Mutter verlangen, fehlt meiner Meinung nach ein wesentlicher Aspekt, nämlich die Hygiene der Seele. Die lediglich empfohlene platte Seelenruhe hat für mich etwas Fades an sich! Nur der Sinn des Teilnehmens und die Freude des Aufnehmens bilden die Wiege, die jeder in seinem Innersten wünscht. Die Eltern erzeugen nichts, sie öffnen lediglich eine Tür und geben.

Haben sie dies nicht verstanden, dann eignen sie sich etwas an, das ihnen nicht gehört, und verhindern so die Entwicklung des Lebens. Ich glaube, es bedarf einiger Bescheidenheit, um aus der Liebe das Reinste herauszukristallisieren ...

Seht ihr diesen großen weißen Raum, der uns umgibt und um denn wir uns vorwärts bewegen, obwohl wir den Eindruck haben, uns nicht von der Stelle zu rühren? Er ist identisch mit dem kleinen Flur, in dem wir uns zum ersten Mal begegnet sind. Diese Aufweitung des Raumes ist eine Folge meines besseren Atmens und meiner Abkehr von gewissen zu eigenwilligen oder zu bestimmten Haltungen. Meine Eltern werden nicht Vater und Mutter jener Rebekka sein, die absolut dieses oder jenes wollte, allerdings wird ihr Kind auch nicht das kleine Mädchen sein, auf das sie sich selbst projizieren können. Ich werde alles tun, um nicht zum Mittelpunkt ihres Lebens zu werden. All meine Freunde, die sich im Augenblick inkarnieren, haben den gleichen Wunsch. Gemeinsam haben wir uns eines Tages wahrscheinliche Bilder künftiger Zeiten angeschaut, und wir waren alle überrascht über die große Unabhängigkeit, die von allen menschlichen Wesen ganz gleich welchen Alters verlangt wird. Wir sahen nicht etwa die Auflösung der Familie, sondern ganz im Gegenteil, eine Erweiterung ihrer Grundidee, das heißt, ihre Mitglieder waren unabhängiger, und die sogenannten Blutsbande verloren ihren Einfluß auf die Beziehungen. Wie oft kam es vor, daß einer vor uns hier oben in einem Freund den Bruder, die Schwester, den Vater oder die Mutter wiedererkannte, die er einst irgendwo auf Erden hatte? Und genau diese Art von Familie wollen wir schaffen, denn alles andere interessiert uns kaum noch. Ich will damit nicht sagen, daß die klassische Form von Familie nicht ihren Reiz hat, aber sie hat zu viele Begrenzungen! Ihre Wurzeln sind zu oberflächlich und haben alles gegeben, was sie geben konnten!«

In diesem großen weißen Raum, der um uns zu wogen scheint, klingen Rebekkas Worte seltsam. Wir denken unwillkürlich an ein riesiges Wartezimmer, dessen kahle Wände den Blick, der sie erfassen möchte, wieder zurückwerfen. Wie unsichtbare Schmetterlinge scheinen tausend kleine Erscheinungen um uns herum zu schweben; vielleicht handelt es sich um Embryonen irgendeiner weit zurückliegenden Vergangenheit oder um erste Strukturen einer sich abzeichnenden Zukunft. Vielleicht ist der Zugang zum wahren Leben genau hier, an dieser Kreuzung, in diesem Augenblick, der zur Ewigkeit wird...? Weder oben noch unten, weder Nacht noch Tag, sondern ein Brennpunkt im Herzen, von wo aus man endlich seine eigenen Finten, seine ganze Häßlichkeit, aber auch seine wunderbare Seite und vor allem dieses unglaubliche Potential sieht!

»Es ist schön hier... und ich bin müde«, meint Rebekka leise. »Aber ich wollte euch noch so viel erzählen. Ich spüre diesen Schlaf wie eine Flüssigkeit, die sich in mich ergießt, um alles zu betäuben. Mein Geist ereifert sich, und seine Begeisterung wird gestoppt werden. Er ist so Feuer und Flamme... so viele Bilder ziehen an mir vorbei. Ich glaube, es handelt sich um Bilder von früher. Sie folgen sich vereinzelt, bahnen so andere Gesichter, andere Blicke, Sonnen mit so seltsamer Färbung, Männer, Frauen, Speere, Holzbündel, Paläste, Grotten... Handelt es sich um Bruchstücke meines Selbst, die da vorbeiziehen? In meinem Herzen verspüre ich keinen Schmerz, nur ein Zögern, vielleicht ein Wort, das ich einfach nicht finden kann. Aber auf meiner Brust fühle ich es wie den Druck einer Hand, die kommt und geht... Sand fliegt um mich herum, Meerschaum, der sich mit meinen Haaren mischt! Es ist alles so seltsam... fast wie eine Übelkeit, und dann wieder dieses Gefühl von so nahem Glück! Ich muß wohl warten...«

Rebekka schließt die Augen und lächelt, während der Schlaf sie überkommt. Sicherlich lebt sie hier intensiver als je zuvor und labt sich an einer Art von Trunkenheit, die die Schwierigkeiten verwischt und die Farben des Regenbogens näherbringt.

Wie eine Katze, die eine lange Reise zu unbekannten Ufern unternimmt, hat sich Rebekka in ihr Kleid gekuschelt. Sie erinnert uns fast an diese kleinen Lebewesen, die ihren Kokon aus sich selbst spinnen. Das Licht, das von ihr ausgeht, wird zu einem weichen Bett, zu einer flaumigen Sphäre, wo die Silhouette des Körpers wie namenlos ist; hier gibt es weder Alter noch Geschlecht noch einen Blick, der den Zauber enthüllen kann ... Rebekka ist ein Bewußtsein, ein Kräftefeld auf dem Weg zu einem anderen, unbekannten Hafen.

In der hellweißen Sphäre, die ihre Form geschaffen hat, erscheinen nun in einem ständigen Auf und Ab eine Art kleiner, rosaroter Blitze. Dann erweckt ihr Licht in uns den Eindruck, sich um sich selbst zu drehen, als wolle es sich einen nur ihm bekannten Weg bahnen. Ein schweigsames und herrliches Stürzen in das Innerste der Zeit, des Raumes, der Materie ... vielleicht in all dies gleichzeitig. Aber besteht überhaupt ein Unterschied?

Und wir selbst, aufmerksame Beobachter des so einfachen und so alltäglichen Wunders der Inkarnation, haben fast den Eindruck, auf einem Seil zu tanzen. Lachen, Wortfetzen steigen an unser Ohr, verschwinden wieder, wie die Augenblicke des Lebens in den durchquerten Welten. Nach einer Stunde oder nach einer Sekunde erstarrt alles wie zusammengedrückt in einem kalten Schimmer, der am Ende des Wirbels erscheint. Jedes Etwas wird fester, nimmt Form an. So taucht die Einrichtung eines Schlafzimmers auf, das der Mond schwach durch einen nur halb zugezogenen Vorhang beleuchtet. Zwei Körper schlafen da, einer gegen den anderen geschmiegt, und plötzlich sind sie von neuen Strahlen umgeben. Etwas Blaues, Gelbes, Schillerndes ist da, um sie zu streicheln, um ihnen etwas zu versprechen, vielleicht sogar, um mit ihnen zu plaudern. Die beiden Körper sind nun drei ... sie leben in ihrem Traum, finden sich wieder und gewöhnen sich aneinander ...

KAPITEL VI

März

»Kommt, bitte kommt...«

Eine kleine Stimme hat sich in unsere Zellen geschlichen; sie erinnert uns an einen Atem, der seine eigene Wirklichkeit sucht.

»Rebekka?«

»Kommt...«

Es kann nur unsere Freundin sein, deren Stimme, die aus der Seele kommt, wir nun unter Tausenden erkennen würden. Sie steigt in uns und um uns auf, umhüllt uns, ist so nah und doch dermaßen »anderswo«.

Wir sollen kommen?

»Kommt doch, ich lade euch ein. Jetzt ist es auch mein Haus ... Wenn sie es wüßten, wären sie so glücklich!«

In das Schlafzimmer mit den leichten, malvenfarbenen Baumwollvorhängen fließen die Lichter der Nacht. Getreue Abbilder der Aushängeschilder der Stadt, kommen und gehen sie, mischen sie sich unablässig mit den Motiven der Tapeten an den Wänden. Von Ferne ertönt das Heulen von Sirenen und ein kalter, feiner Regen tropft an die Fensterscheiben.

»Rebekka?«

»Ich bin da . . . in ihr . . . das ist so angenehm!«

Schüchtern suchen wir noch unsere Plätze, als wir, genau unter uns, ein Doppelbett entdecken mit zwei Gestalten darin, die halb unter einer Bettdecke verschwinden. Unsere Freundin ist irgendwo tief in einem dieser unbeweglichen Körper, die mit der Unendlichkeit der Nacht und des Schlafs verschmolzen sind. Sie sagt kein Wort, aber wir spüren sie glücklich und ruhig in ihrer Hülle aus Wärme. Wir wissen, daß sie einerseits einen bleiernen Schlaf schläft, zum anderen aber unwahrscheinlich wachsam ist, um alles zu erleben, was erlebt werden kann . . .

Um uns herum, in diesem Zimmer, wo das Leben für ein paar Stunden eingeschlafen ist, tanzen eine Menge Funken. Eine friedliche Sarabande umgibt selbst den geringsten Gegenstand und schwingt bis ins Herz der Dunkelheit. Der ewige Tanz der Atome in der Materie, Erinnerung an die Illusion der Formen und Zeuge ihrer tiefen Lebenskraft . . .

»Ich möchte euch sagen, meine Freunde . . . ich möchte euch sagen, was jede Frau liebend gerne hört. Mögen die Worte, nach denen ich suche, die Liebe erwecken und das lebendiger machen, was manchmal so weit erscheint.

Die Idee hierzu stammt von meiner Mutter. ›Ich möchte wissen‹, meinte sie neulich, ›ich möchte wissen, wie *er* sich in mir fühlt, was *er* hört, was *er* sieht, was *er* versteht. Ist *er* sich eigentlich dessen bewußt, was geschieht und was ihn erwartet?‹

Ich wünschte vor allem eure Anwesenheit, weil ich

länger im Bett ihres Leibes bleiben möchte und euch alles genau berichten und erzählen will, damit viele es so erfahren können... Vielleicht gibt es allerdings da auch noch einen anderen Grund. Ich weiß es nicht. Ich habe das Gefühl, daß ein großes Ereignis bevorsteht. Schon seit einigen Wochen scheine ich Dinge zu ahnen, lange bevor sie Wirklichkeit werden. Dies ist noch unklar, aber je mehr ich in meiner Mutter wohne, desto besser glaube ich die Zeichen einer nahen Gegenwart erahnen zu können. Die Materie meines Körpers, der sich ständig verdichtet, wird zur Antenne und ich sehe jetzt deutlich Lebens- und Beziehungsstrukturen, die in mir vorbeiziehen. Manchmal sind es ganz banale Dinge wie etwa eine Katze, die ein paar Schritte von hier entfernt die Straße überqueren will oder der Aufzug, der erneut eine Panne haben wird; oder aber Dinge, wie zwei Autos, die frontal zusammenstoßen werden.«

»Aber du scheinst doch weder Angst zu haben noch gespannt zu sein...«

»Nicht wegen solcher Sachen! In diesen Augenblicken bin ich wie ein Auge, das nichts verwirren kann. Nicht etwa aus Gleichgültigkeit, sondern für mich entsprechen diese Ereignisse gewissen Notwendigkeiten, einem sicherlich sehr entfernten und doch sehr klaren, leuchtenden Ziel. Deshalb müssen wir alle diese Dinge in vollem Frieden erleben. So weiß ich, daß die Katze die Straße nicht zufällig an jener Stelle und zu jener Zeit überquert. Es gibt etwas, das dies durch sie von der Welt verlangt, während die Katze selbst vielleicht nur für diesen einen Augenblick geboren wurde. Ich weiß nicht, wie man dies anders interpretieren sollte. Nein, es gibt kein Verhängnis, aber ein wunderbares Ineinandergreifen der Dinge, welche jede Kreatur und jedes Teilchen des Alls von Anbeginn an billigt.

Dagegen kann ich mich mit dem verletzen, was meine Eltern leben. Ansonsten kann mich nichts treffen, es sei denn, meine eigenen Zweifel.«

»Erzähle uns, was du im Leib deiner Mutter empfindest, Rebekka. Schon lange wollten wir es wissen . . .«

»Genau davon wollte ich zu euch auch sprechen, nur muß ich zunächst einmal schildern, was hier in meinem neuen Körper vor sich geht, denn ich bin ja nun hier vor allem zu Hause. Diesen Körper muß ich bändigen und mich ihm auch unterwerfen.

Jedesmal, wenn ich in meinen Körper gleite, nehme ich den Weg durch den Scheitelpunkt des Kopfes, selbst als dieser noch kaum ausgeformt war. Ich habe auch keine andere Wahl, denn ich werde förmlich von dieser Stelle, um genau zu sein, von der Fontanelle angesaugt. Intuitiv spüre ich eine Art Wirbelwind, der mich ruft und gegen den ich nichts machen kann. Anfangs empfand ich dies alles als schmerzhaft, denn ich schlüpfte in meinen Körper wie in einen Handschuh, der jedesmal zu klein für mich war. Ich mühte mich ab, ohne genau zu wissen, ob ich eigentlich wieder hinausschlüpfen oder eher tiefer eindringen wollte. Das Problem war nur, daß, je mehr ich mich abmühte und zappelte, desto mehr fühlte ich mich wie in einem Netz oder in klebrigem Pech gefangen.

Dann begann ich zu ersticken. Manchmal hatte ich

auch das Gefühl, daß alles platzen würde, denn meine Seele war zu weit und mein Bewußtsein zu voll. Ich empfand den Herzschlag meiner Mutter, das Blut in ihren Adern, ihren Atem und die Geräusche in ihren Eingeweiden als Aggression; zum Glück ist dies alles nun vorbei... Nicht die Dinge selbst, aber meine Empfindung ihnen gegenüber. Was mir früher wie ein Röcheln erschien, ist nun eine sanfte Musik, die mich fast anzieht und mir auf jeden Fall Vertrauen einflößt, wenn Zweifel über mich kommen.«

»Glaubst du, daß wir alle bei unserer Rückkehr auf die Erde diesen Zweifel verspüren?«

»Ich denke schon. Die meisten meiner Freunde ›dort oben‹, die ihre Reinkarnation auf Erden erlebten, sprachen mir davon. Da ist zunächst einmal die Angst, sich nicht mehr an dichtere Dinge gewöhnen zu können, wie etwa das Gewicht eines Körpers, seine Begrenzungen, das Gefühl, daß einem die Hände gebunden sind. Und dann kommt hinzu, daß man Angst hat, alles zu vergessen, was man verstanden zu haben glaubt, die festen Entschlüsse, die Fallen auf unserem Weg... Fragen über Fragen, wie ihr euch sicher vorstellen könnt!

In solchen Momenten schlafe ich in der Regel ein. Eine Art Zufluchtsort, der sich mir von selbst auftut, eine Art Selbstschutz. Sobald ich kann, suche ich am liebsten meine zukünftigen Eltern auf, so wie heute nacht; ich schleiche mich dann zwischen den Ausstrahlungen ihrer Körper hindurch bis zu meinem Fötus.

Dieser ist für mich nun schon seit geraumer Zeit eine wahre Schatulle, eine Wiege, wo ich mich ohne Zurückhaltung und ohne Einschränkung gehenlassen kann. Ich weiß im Grunde auch nicht genau, ob dieses Wohlbefinden mit meinem Körper zusammenhängt oder ob es von... Mama ausstrahlt, aber ich tendiere mehr zur zweiten Möglichkeit.

Ich sagte es schon, daß ich den Geräuschen ihres Organismus gegenüber sehr empfindlich bin. Jede Eigenart und jeder Lärm dieses Hauses wird zu einem Anhaltspunkt, was wiederum beruhigt. Manchmal mache ich mir einen regelrechten Spaß daraus, der Bewegung und den Rhythmen der Ströme in ihrem Körper zu folgen. Mein Bewußtsein erweitert sich und projiziert sich manchmal in bestimmte Organe. Es ist eine schöne Erfahrung, ihr könnt es mir glauben! Ich habe den Eindruck, mich in den verschiedenen Zimmern einer Wohnung zu bewegen. Es ist keineswegs düster, und es gibt wunderbare Dinge zu entdecken. In solchen Augenblicken verwandelt sich alles in Licht, und ich habe das Gefühl, mich in einer Welt voller Kristalle und voller Mineralien mit unglaublichen Farben zu bewegen. Ich bin mir voll bewußt, daß ich das Herz der Materie besichtige, und verstehe auch, daß nicht alle Reinkarnierten dieses Glück haben. Allerdings hat diese Erfahrung auch nichts Außergewöhnliches an sich, denn ich weiß, daß viele Leute, natürlich unbewußt, mit einer gewissen Sehnsucht daran denken. Übrigens hat dieser Bewußtseinszustand seinen Ursprung im Atemrhythmus meiner Mutter.«

»Rebekka, wenn du in deinem Körper lebst, ist nicht alles düster um dich herum – von deinen ›Reisen‹ nun einmal abgesehen?«

»Ich lebe in einer Dunkelheit wie Samt, wenn ich mich dem Augenblick hingebe, und in einer eiskalten Finsternis, sobald Angst mich überkommt; sobald aber mein Geist erwacht, bevölkert sich die Nacht mit tausend Sonnen, in deren Licht ich mich dann bade.«

Rebekka hat dies mit einer solchen Liebe und einem solchen Frieden in der Stimme gesagt, daß wir das Bedürfnis haben, in Stille etwas Zeit verrinnen zu lassen.

Nichts hat sich in dem Schlafzimmer mit den malvenfarbenen Vorhängen verändert. Die beiden aneinandergeschmiegten Gestalten unter der Bettdecke haben sich kaum bewegt, und nur das Summen des Kühlschranks dringt regelmäßig aus der Küche zu uns. Ein großes Foto auf einer der Wände lenkt unsere Aufmerksamkeit auf sich: Es stellt einen Sonnenaufgang über dem Meer dar, während im Vordergrund Wellen über den Sand rollen. Im Grunde ein sehr banales Motiv, wenn auch seine Größe und seine Hervorhebung auf der Wand Zeichen dafür sind, daß diese Banalität die Bewohner dieses Raumes besonders berührt hat.

Draußen scheint es nicht mehr zur regnen. Gäbe es nicht Rebekka hier, würden wir die Ruhe der Nacht allein ihr Werk vollziehen lassen. Unsere Freundin will sich allerdings um jeden Preis mitteilen, will ihr übervolles Herz ausschütten, und unsere Aufgabe kann sich nur an ihrer Seite erfüllen.

»Ab dem sechsten Monat stört uns ein wenig unser Skelett«, unterbrach Rebekka leise und offenbar etwas amüsiert die Stille. »Ja, die Entwicklung meiner Knochen hinterläßt in mir einen nicht gerade angenehmen Eindruck. Ich empfinde sie nicht als eine Struktur, die mir helfen soll, sondern eher als eine Versteinerung meines Wesens, fast wie Gitterstäbe, die meine Seele auf Erden festhalten, sie an ihrem Flug und ihrer freien Ausdehnung hindern wollen. Ich ahne vor allem die Knochen meines Beckens und die des unteren Teiles meines Rückens, so, als würden meine Körperkraft und meine Vitalität zunächst von hier ausstrahlen. Alles scheint in dieser Zone dichter, kristallisierter zu sein. Manchmal verspüre ich im Steißbein eine sehr große Wärme, fast wie ein Brennen, aber ich weiß, daß dies ganz normal ist. So hat man es mich jedenfalls gelehrt. Diese Erscheinung verspüren alle, sobald sie ihren Körper bewohnen. Es handelt sich um unsere Lebensglut, wie ›sie‹ es nennen, die an dieser Stelle aktiv ist und in uns diesen Eindruck hervorruft. Es soll sich um eine Kraft handeln, deren Ursprung im Samen der Schöpfung liegen soll und die demnach sowohl sehr materiell als auch äußerst feinstofflich sein kann.

Meine Freunde haben mir beigebracht, daß man auf einer bestimmten Reflexionsebene keinen Unterschied mehr zwischen diesen beiden Polen macht. Es handelt sich um eine dreifache Energie, und dieser dreifache, und damit auch komplementäre Aspekt sei der Ursprung der aus drei Wirbelkörpern verwachsenen Knochen am unteren Ende des menschlichen Rumpfes.

Ferner hat man mir erklärt, daß die ätherische Verschmelzung der drei Wirbel diesen kleinen Schmerz verursache, von dem ich sprach. Dieser Schmerz zeigt an, daß das Feuer unseres Lebens sich nun in einer festen

Form einschließen läßt, und daß es sich ein bißchen mehr zügelt. Natürlich existiert diese Energie nicht in den Knochen oder in den sich bildenden Organen, aber es ist so, als stütze sie sich auf diesen Punkt unseres Körpers. Jedesmal, wenn ich dieses Brennen verspüre, empfinde ich so etwas wie Frustration; ich habe in mir das Bild eines Vorhängeschlosses, das sich schließt, und ich habe Lust, mich richtig auszustrecken oder meine Beine ganz lang zu machen. So habe ich den Eindruck, mich weniger zu verkrampfen und mich auch weniger in eine Falle locken zu lassen...«

Unwillkürlich fragen wir:

»Ist dies auch der Grund, Rebekka, warum ein Fötus ab und zu im Leib seiner Mutter wie wild herumfuchtelt?«

»O nein! Dies ist das Ergebnis eines Lernvorgangs! Ich zum Beispiel versuche mich so oft wie möglich zu bewegen, um meine Glieder, ihre Länge, ihre Beweglichkeit zu spüren. In diesen Augenblicken bin ich wie jemand, der ein neues Kleidungsstück anprobiert und der sich nach allen Seiten hin bewegt, um zu sehen, ob ihn nichts stört...«

Rebekka hält plötzlich inne und bricht in ein sehr kindliches Lachen aus.

»Ich muß lachen, denn ich denke an einen anderen Grund, der uns zum Gestikulieren bringt! Wie ihr wißt, kann es vorkommen, daß wir ganz konkret gegen diese oder jene Situation protestieren. Die meisten Eltern, so sagte man mir jedenfalls, akzeptieren dies, nur sehen zu viele darin eine Art Primärreflex des Körpers als Antwort auf mangelnde Bequemlichkeit. Aber wissen diese Eltern, daß ein Fötus im Leib seiner Eltern denken, lieben oder nicht lieben und Meinungen äußern kann? Und wenn man nicht sprechen kann, dann sucht man eben nach anderen Kommunikationsmitteln!

Vielleicht gibt es eines Tages bewußte und liebende Eltern, die Lust haben, eine Art Codesprache mit diesem Wesen herzustellen, das bereits ihr Kind ist...

Als ich die ersten Male in meinen zukünftigen Körper ging... war ich nicht einmal sicher, ihn in seiner Gesamtheit zu bewohnen, denn ich war gleichzeitig handelnde und zuschauende Person. Es bedurfte einer echten Anstrengung an Konzentration und Beobachtung, um nur eine Hand zu bewegen!

Jetzt spüre ich nach und nach, daß diese ›Pappmaterie‹ immer flexibler wird und daß es bereits Zonen gibt, wo sie wie Watte ist. Natürlich ist dies alles sehr subjektiv. Ich bin zutiefst überzeugt, daß all mein Zögern und meine mehr oder minder eingestandenen Ängste durchaus in der Lage sind, mir Eindrücke zu basteln, die mit der Wirklichkeit nichts zu tun haben... Es sei denn, daß dies auch bereits ein Teil der Wirklichkeit ist... für mich ist diese Realität ein sich ständig so sehr wandelnder Begriff!

Ach so, noch etwas darf ich nicht vergessen! Vor zwei oder drei Tagen wollte ich gerade in meinen Körper gehen, als ich ein eigenartiges Prickeln verspürte. Zunächst spürte ich es in meiner Magengegend, dann in der Rückenmitte und schließlich wanderte es bis zu meinem Nacken. Ich konnte mir nicht verkneifen, meine Hand über diese Stelle meines Lichtkörpers gleiten zu lassen. Und ich entdeckte den Beginn einer Art von Erhebung, die mich an einen Schlauch oder an ein Tube erinnerte. Ich bin sicher, daß dies damals gerade erst am Wachsen war, und heute habe ich gespürt, daß jetzt etwas da ist... es glitt ziemlich heftig von meinem Nabel zur unteren Kante der Schulterblätter. Ich konnte die Form ziemlich genau ertasten; sie schien mir nicht sehr entwickelt, und ich hatte den Eindruck, als sei sie aus einer großen Menge übereinandergelagerter Fäden gemacht. Nicht gedreht oder geflochten, nur wie geklebt. Sie fühlte sich sehr sanft an und hatte die Dicke von drei oder vier Fingern zusammen.«

»Rebekka, könnte es sich nicht um ein erstes Anzeichen der ›Silberschnur‹ handeln, diesem Lebensband zwischen deinem Lichtkörper und deinem physischen Organismus?«

»Ich weiß es nicht; man hat mir zuwenig darüber gesagt, aber du hast sicher recht. Meine Freunde waren der Meinung, daß die Kenntnis all dieser Dinge nur zweitrangig sei und daß sie nichts zum besseren Erleben meiner Geburt beitrüge. Wie ihr seht, darf man nicht annehmen, daß auf ›der anderen Erde‹, wo ich herkomme, all diese Dinge jedem vertraut sind. Einige von uns beschäftigen sich dort mehr damit als andere, aber vielen meiner Brüder und Schwestern bleiben diese Elemente vollkommen unbekannt, da ihre Kenntnis nichts mit ihrem Hauptziel, nämlich der Entwicklung der Liebe in uns, zu tun hat. Vielleicht ist die Haltung zu extrem, aber ich glaube gern, daß viele Menschen die Erlangung einer

Menge subtiler Gegebenheiten mit Weisheit verwechseln.

Ich aber möchte all diese Dinge kennenlernen, denn ich glaube, daß ich noch besser anderen helfen kann, allerdings möchte ich daraus nicht den Mittelpunkt meines Lebens machen. Ich habe so viele andere Dinge zu tun! Und Sonne läßt sich so leicht aussäen!«

Plötzlich hält Rebekka inne, und wir stellen uns vor, wie ihr kleiner Körper sich kuschelt und dann auf seinem geheimen Meer schwimmt. Die Stille des Zimmers überkommt uns erneut. Sie ist sehr dicht und ähnelt der eines tiefen Wassers, in das wir tauchen, indem wir unseren Atem anhalten. Stunden könnten so vergehen, ohne daß wir etwas anderes bräuchten . . .

»Ich bitte um Entschuldigung«, läßt sich unsere Freundin bald wieder hören, »es gibt Augenblicke wie diesen, wo mein Bewußtsein versucht, sich in sich selbst zu kehren, und wo meine Augen sich weit auf innere Szenen öffnen, die ich nicht verstehe . . . Ich war an einem Strand . . . alles war so drückend! Ich trug lediglich ein langes schwarzes Kleid, das vom Salz zerfressen war, und der Himmel war so wunderbar rosarot . . .«

»Weißt du, welches das Ziel dieses neuen Lebens ist, Rebekka? Gibt es Dinge, die du uns sagen kannst und von denen du weißt, daß du sie vollbringen mußt?«

»Ich muß einen gewissen Groll vergessen, ich muß ihn bis zur Existenz des Wortes selbst bekämpfen . . . Dies ist mein persönliches Ziel . . . aber es gibt ein anderes, breiter gestecktes Ziel in Richtung auf meine Mitmenschen, die Welt, das Leben . . .

Vielen Kindern muß geholfen werden, wenn ich erwachsen sein werde. Ich weiß, daß sie desorientiert sind, da sie Produkte einer Gesellschaft sind, die auf tönernen Füßen steht. Sie brauchen Strukturen und wahre Horizonte, die nicht wie Strohhaufen Feuer fangen. Um dieses Ziel zu erreichen, werde ich Leute treffen, nur habe ich manchmal Angst, sie nicht zu erkennen. Und doch bin ich glücklich, wie ihr seht, denn ich weiß, was ich will. Meine erste Form von Glück ist eben, etwas zu wollen. Ich bin glücklich, denn das Fehlen von ›Willen‹ ist dermaßen verbreitet unter denen, die wieder auf die Erde zurückkommen.

Ich habe vielen Wesen geholfen, wieder auf die Erde zurückzukehren, auch wenn sie nicht wirklich den Grund und das Motiv ihres neuen Lebens erfassen konnten. Sobald sie sich ihrer Rückkehr bewußt geworden waren, war es für sie eine Notwendigkeit, auf die Erde zurückzukehren, nur stellten sie sich überhaupt keine Fragen. Sie waren bereit zu einer neuen Geburt wie andere, die ohne zu überlegen aufstehen und keinen anderen Wunsch haben, als ›den Tag zu verbringen‹. Und doch habe ich gelernt, jeder kommt mit einem bestimmten Ziel zurück. Es gibt Wesen — wir sprechen von großen Seelen —, die uns ein Ziel zuweisen, wenn wir selbst nicht in der Lage sind, es klar zu definieren. Das Problem ist nur, daß dieses Ziel in der Welt des Ego nicht immer als ›bedeutend‹ erscheint und daß viele von uns es einfach übersehen und vergessen.

Deswegen muß ich aus meiner Seele einen alten Groll entfernen, dessen Grund ich in meinem tiefsten Innern vergraben habe. Dieser wurde mir nach meinem letzten Tod ganz klar angegeben, und ich weiß, daß ich bisher alles getan habe, um die Erinnerung daran zu unterdrücken. Wir verhalten uns fast alle so. Auch die, die ihr ›Seelen‹ nennt, kennen ihren ›Marschbefehl‹ nicht auswendig. Ihr seht also, daß man höher steigen muß, wenn man das reine Lieht erfassen will, nämlich bis zu dem Punkt, wo eine Rückkehr auf Erden als ein wahres Glück, als eine Gelegenheit zum Dienen, empfunden wird.«

»Du sagtest eben, du könntest nicht so oft wie gewünscht in deinen Körper hinabsteigen. Warum eigentlich, scheint doch der Kontakt mit ihm dir jetzt weniger unangenehm?«

Rebekkas Gesicht zeigt ein halb amüsiertes, halb enttäuschtes Lächeln.

»Das ist vielleicht normal ... oder aber man muß das ganze Leben auf diesem Planeten verändern. Das Hin und Her einer Gesellschaft und die mangelnde Klarheit der Existenz derer, die darin leben, machen es einer Seele oft schwer, sich ihrem Fötus zu nähern. Es gibt auf der Erde heute etwas Metallartiges, das für uns die Inbesitznahme eines Körpers äußerst schwierig, ja sogar unmöglich macht. Man hatte mich dies gelehrt ... und ich habe es auch am eigenen Leib erfahren. Es handelt sich um Situationen voller Gewalt, die die Eltern erleben und die es im allgemeinen einer Seele unmöglich machen, in ihren Körper einzudringen. Ich gehe davon aus, daß dies alles nicht neu ist, nur ist es wichtig zu wissen, daß dies bei dem Wesen, dem seine künftige Wohnung verwehrt wird, Schmerzen und Panik auslöst. Dabei handelt es sich oft um Dinge oberflächlicher Art, die die Eltern nicht unbedingt tief empfinden und die, wenn ich richtig verstanden habe, fast das Salz des modernen Lebens sind...

Vor einiger Zeit wollte ich zu meinen zukünftigen Eltern, als diese sich gerade anschickten, ihre Einkäufe in einem dieser riesigen Kaufhäuser zu machen, deren Existenz mir bis dahin unbekannt war. Als ich mich ihnen näherte, hatte eine solche Masse fremder, subtiler Energie von ihnen Besitz ergriffen, daß ich mich zunächst weit von ihnen weggestoßen fühlte. Was sich da unter mir befand, waren nicht meine Eltern. Es war ein Mann und eine Frau, die von einer parasitären Gedankenkraft umgeben und bewohnt waren. In der Tat schwirrte eine Menge an Leuten um sie herum, und meine Eltern schienen von sehr mittelmäßigen, sogar sehr häßlichen Energieströmen durchquert. Für mich war dies sehr unangenehm und ließ mich Gefühle wiederfinden, die ganz weit in meiner Erinnerung zurücklagen... nämlich das Gefühl, daß sich einem die Kehle zuschnürt und einem Tränen in den Augen stehen. Dabei gibt's keinen Grund zur Traurigkeit, mein Vater war sogar sehr lustig, aber die Menge war für mich so schwer! Ich hatte den Eindruck, Roboter vor mir zum haben, denn nichts schien mir echt an ihrer Art, sich zu bewegen und sich anzuschauen, obwohl der Ort mir nicht schlecht vorkam.

Ich hatte den Eindruck, daß selbst meine Eltern, die ich stets für so standfest gehalten hatte, ihre Persönlichkeit aufgaben zugunsten einer klebrigen und totalitären Kraft der Masse.

Ich machte eine zweite, ähnliche Erfahrung eines Abends, als meine Mutter, zusammen mit einer Freundin, sich etwas ansehen ging, das ich überhaupt nicht kannte und das ihr Film nennt. Die Bilder des Films mußten offenbar so schrecklich sein – zumindest drückten ihre Stimme und die Lichter ihres Körpers dies aus - daß ich beim Versuch, mich ihr zu nähern, gegen eine eisige, glatte, undurchdringliche Metallplatte stieß. Auch da mußte ich auf meine Absicht verzichten. Ich konnte ihr keine Liebe bringen, da sie sich wie in einem Käfig eingesperrt hatte, und ich hatte auch keine Hoffnung, Liebe von ihr zu erhalten. Jede von uns war in ihrer Sphäre, und ein Stück Angst stand zwischen uns. Richtig dumm! Ich habe nicht darunter gelitten, aber ich weiß, daß gewisse Seelen, die sich ständig bei ihren Eltern in einer Aura aus Spannung oder Angst bewegen müssen, richtige Narben davontragen. Und oft ist die ätherische Materie ihrer Leber oder ihrer Augen ihr ganzes Leben über geschwächt.«

Wie eine Detonation in der Nacht schrillt eine Klingel und zerreißt die Stille des Schlafzimmers. Es ist als zerberste ein Spiegel, wir spüren, wie Rebekkas kleiner Körper zusammenzuckt.

»Dies war . . .«, kann sie nur murmeln.

Im Halbschatten sucht ein Arm, nicht ohne einige Mühe, den Weg zum Telefonhörer.

»Ja, bitte . . .?«

Rebekkas Vater, der mit schwacher Stimme am Telefon antwortet, richtet sich langsam auf und sucht sein Gleichgewicht. Seine Hand fährt durch die Haare, während er seine Wange gegen den Hörer drückt; er schweigt und schließt die Augen, als habe der Schlaf ihn erneut gepackt.

»Ja, bitte ... ?« wiederholt er. »Das kann nicht wahr sein ... verdammte Maschine ... doch nicht jetzt! Gut, ich komme ...«

Wie von einer plötzlichen Wut gepackt, springt die männliche Gestalt aus dem Bett und zieht nervös ein Hemd an.

Jetzt tauchen das Gesicht und die zerzausten Haare von Rebekkas Mutter aus den Tiefen des Kopfkissens auf.

»Was ist denn los?«

»Immer diese verflixten Maschinen ... Ich schwöre dir ...! Fünf Computer sind gleichzeitig ausgefallen, und anscheinend bin ich der einzige, der das Ganze wieder hinkriegen kann. Was soll ich dazu sagen? Wenn ich bis morgen früh warte, geht's in den Büros drunter und drüber, und es dauert dann Wochen, um alles wieder zu organisieren!«

»Du kommst schnell wieder zurück?«

»Wünsch dir was! Auf jeden Fall ist die Nacht im Eimer ...«

Dann klemmt Rebekkas Vater einen Pullover unter den Arm und stößt dabei einen Seufzer voller Unlust und Widerwillen aus.

»Hast du von diesem Strandfoto nicht allmählich die Nase voll? Ich kann es nicht mehr sehen! Schon seit Monaten kann ich es nicht mehr ertragen!«

Er beugt sich über die Stirn seiner Frau und hastet aus dem Zimmer, indem er nervös nach einem Lichtschalter sucht.

»Es muß so sein! Ich habe das vorausgeahnt. Wollt ihr mich begleiten?« flüstert Rebekka in uns.

Und langsam erscheint in dem sanften Nest des malvenfarbenen Zimmers über einem Bett, das der Schlaf gerade verlassen hat, eine kleine Lichtmasse. Sie taucht über der Bettdecke auf und beschreibt eine Arabeske aus einem milchfarbenen Lichtstrahl, der sofort wieder zerfließt. Sie beginnt herumzuwirbeln, während sich auf unserem inneren Bildschirm gleichzeitig ihr Gesicht abzeichnet, das Gesicht eines kleinen Mädchens, das uns mit einer Mischung aus Melancholie und Freude zulächelt. Hinter diesem Lächeln gibt es so viel zu entdecken, es ist ein Strom aus Liebe . . . und auch aus Schalkhaftigkeit. Es ist typisch für jemanden, der in sich noch den Geschmack einer bestimmten Quelle bewahrt hat.

Rebekkas Frage wirkt auf uns wie ein Magnet. Wir sind nur noch ein Flammenwirbel an ihrer Seite und bald nur noch eine Lichtform, die unten in einem Wohnblock ankommt, sich in Richtung Tiefgarage weiterbewegt und sich in ein Auto drängt.

»Ich will ihn nicht verlassen«, meint Rebekka friedlich. »Ich bin gerne da, außerdem . . . fährt er sehr gut! Ich weiß nicht, ob es euch aufgefallen ist, daß man sich immer beeilen muß, wenn man in ein Auto einsteigen will. Sobald der Motor läuft, gibt es offenbar ein elektrisches Phänomen, das zur Folge hat, daß der Bewußtseinskörper nur noch schwer aus- und einsteigen kann.«*

An uns fliegen bereits Straßen und Boulevards vorbei, dunkel und stumm oder voll von Nachtschwärmern und grellen Lichtern. Wir schweigen; Jazzrhythmen klingen aus dem Autoradio und füllen Zeit und Raum.

Schließlich hält der Wagen vor einem riesigen Gebäude mit einer Fassade aus Rauchglas, dann ein Flur mit unendlich vielen Türen. Und jetzt... sind wir offenbar da. Drei Männer befinden sich in einem Raum voller Büros, Bildschirme und Tastaturen. Rebekkas Vater wirft lässig seinen Regenmantel auf den erstbesten Sessel und schüttelt den Männern die Hand. Er wechselt ein paar Worte mit ihnen, und schon, ohne sich zu setzen, betätigt er eine Menge elfenbeinfarbener Tasten.

Die Zeit verstreicht, und wir können die Szene nur beobachten wie eine Kamera, die in einer Ecke des Raumes aufgehängt ist. Warum sind wir überhaupt da? Von Rebekka sehen wir nur ungenaue Konturen. Sie steht hinter ihrem Vater, der sich endlich gesetzt hat, und schaut ihm über die Schulter. Hat sie uns etwa vergessen? Sie ähnelt in diesem Augenblick einem kleinen Mädchen, das etwas lernen, etwas verstehen möchte. Sie ist belebt von der Anwesenheit dieses Mannes, der da arbeitet, und sie läßt sich von seinen überschwellenden Gedanken durchdringen. Offenbar gibt es in seinen Gedanken einen Mangel an Ordnung... alles, was von ihm ausgeht, erreicht uns nur in Form von Wellen. Ständig wechselnde Bilder – die Neonlichter der Stadt, der Wagen, das Gesicht seiner Frau. Alles mischt sich, un-

---

* Vielleicht handelt es sich hier um das Phänomen des Faradayschen Käfigs.

terbrochen durch Reihen von Zahlen und von Buchstaben.

Plötzlich ertönt eine Stimme am anderen Ende des
Raumes.

»Übrigens, erwartet ihr das Kind bald?«

Rebekkas Vater hebt den Kopf, ohne die Tastatur los-
zulassen. »Oh ... in gut drei Monaten. Warum willst du
das wissen?«

»Nur so ... Du redest ja nicht viel davon ...«

»Meinst du? Aber ich schwöre dir, wir sind beide
überglücklich darüber. Übrigens dachte ich auch daran
vor einer Sekunde, und ich sagte mir, daß wir bald zu
dritt sein werden.«

»Vielleicht seid ihr es schon!«

»Du glaubst auch an so etwas?«

»Warum nicht!«

»Meine Frau sagt mir genau dasselbe. Unaufhörlich
redet sie von ihren Eindrücken, aber ich finde, man kann
auch zu weit gehen. Ich habe nichts dagegen, daß wir zu
Hause zu dritt sind, aber das Ganze ist ein biologischer
Vorgang. Ich denke schon, daß ›er‹ bald echte Gefühle
haben wird und vielleicht auch ein Denken, aber ich habe keine Ahnung, wann und wie dies möglich sein wird.
Für mich ist dies alles schleierhaft! Auf jeden Fall hoffe
ich, daß es ein Junge sein wird ...«

Rebekka macht einen Satz nach hinten, und wir sehen, wie sie mit den Achseln zuckt.

»Du wirst doch nicht jeden Tag dasselbe wiederholen?« seufzt sie. »Schon zwanzigmal hast du die gleiche
Geschichte erzählt ... so kommst du nicht weiter!«

Während sie so sprach, hat sich Rebekkas kleiner Körper uns genähert. Trotz seiner zerbrechlichen Gestalt scheint er voller Kraft, Wille, Anstrengung, Freude und Liebe.

»Mein Herz ist rege, meine Freunde; mit jedem Tag dringt die Seele des künftigen Inkarnierten mehr in die Seele derer ein, die ihn aufnehmen... Ich möchte meinen Vater wachrütteln, deswegen wollte ich auch unbedingt hierherkommen. Ich weiß, daß man nichts erzwingen soll, aber ich möchte so gerne mit ihm reden. Ich spüre, daß in dieser Nacht etwas in ihm offener, beweglicher ist, und außerdem ist meine Mutter nicht da. So wird er weniger Schwierigkeiten machen. Ich habe oft am eigenen Leib erfahren, daß uns der Stolz einrosten läßt!

Ich weiß, daß er meine Anwesenheit spürt. Ich habe tief in seinem Inneren schon eine Stimme vernommen, die akzeptiert, daß ich bereits existiere und daß ich ihn kenne. Das Problem ist nur, daß er diese Stimme nicht hören möchte. Sie sagt ihm nicht zu, denn sie paßt nicht in sein Spiel, denn er spielt... Er spielt denjenigen, der klar und stark ist; er spielt den vernünftigen Mann, was sogar soweit gehen kann, daß er ganz offensichtliche Dinge einfach verneint, Hindernisse umgeht und ständig Winkelzüge macht. Ich spüre, daß mein Vater im Grunde gut ist, nur wäre er noch besser und noch schöner, würde er sich nicht dagegen wehren, ein paar Schutzhüllen abzuwerfen!

Schon lange vor unserer ersten Begegnung hatte ich mit meinen Freunden von all diesen Dingen, vor allem von diesen menschlichen und zu oft männlichen Reaktionen, gesprochen. Mein Vater möchte um jeden Preis wie diese Million von Wesen bleiben, die einfach nicht akzeptieren wollen, daß es etwas vor oder nach dem sogenannten Leben gibt. Aber warum nur? Man hat den Eindruck, als tue ihnen allein schon der Gedanke an ein ewiges Leben und an die damit verbundene Hoffnung weh. Vielleicht haben sie Angst vor dem Endlosen? Vielleicht gibt es in ihnen noch Schatten, die den Sonnenstrahl fürchten, der durch eine halboffene Tür fällt?

Dies gilt für die beiden Lebenspole, die Geburt und den Tod. Die Menschen sprechen von Vernunft, bemerken allerdings nicht, daß dieser Begriff sich im Laufe der Zeiten gewandelt hat...

Schaut ihn euch an vor seinem Bildschirm! Ist das, was mein Vater da tut, wirklich vernünftig! Er drückt auf Tasten und löst damit ich weiß nicht welche Reaktionen aus, die Gesetzen trotzen, die irgend jemand während meiner letzten Inkarnation vielleicht erst aufgestellt hatte. Er leidet nicht darunter, daß eine Maschine schneller denken kann als er... Warum soll ihm dann die Idee fremd sein, daß es mich in meiner Gesamtheit bereits gibt, daß ich ihn höre und daß ich somit an seiner Seite bin? Er ist für mich wie ein Stelzenvogel, der einige Schwierigkeiten hat, sich in die Lüfte zu schwingen. Man hat mir gesagt, ich müsse ihm mehr Vertrauen entgegenbringen, aber dies wäre leichter, wenn er mir nur ein wenig mehr zuhören würde...!«

»Warum hättest du lieber einen Jungen?«

Eine weibliche Stimme stellt Rebekkas Vater diese

Frage, ohne daß dieser seinen Blick von seinem Bildschirm abwendet.

»Ich sage das nur so! Im Grunde ist es nicht wichtig, nur habe ich das Gefühl, mich mit einem Jungen besser zu verstehen.«

Rebekka neben uns lauscht mit ihrer ganzen Seele, und während eines langen Augenblicks scheint sie sich selbst zu bewegen. Der Anblick der Züge eines kleinen Mädchens mit einem so bestimmten und erwachsenen Temperament ist schon etwas Seltsames!

»Laß los, Rebekka!« möchten wir ihr sagen, »erinnere dich daran, daß du loslassen mußt . . . !«

Statt einer Antwort lächelt unsere Freundin nur und schmiegt sich an den Rücken ihres zukünftigen Vaters.

»Findet ihr nicht, daß es hier ein bißchen kühl ist . . . ? Um wieder auf das zurückzukommen, was du eben sagtest: Ich meine, eine Tochter will stets ihren Vater beurteilen, oder zumindest ihn ganz kritisch beobachten. Wenigstens ist dies mein Eindruck! Nur erscheint mir eigenartigerweise in meinen Träumen stets das Bild eines kleinen Mädchens, das mich aufmerksam anschaut. Sicherlich ein amüsantes Thema für einen Psychologen, aber für mich hat dies keine Bedeutung . . .«

»Keine Bedeutung«, wiederholt Rebekka leise, »was bist du doch für ein Dickkopf! Auf jeden Fall hast du mich gesehen, und ich bin dir schon dankbar, daß du dich überhaupt daran erinnerst. Aber warum leistest du weiterhin soviel Widerstand? Vielleicht vergleichst du mein Gehirn mit all seinen Fähigkeiten zu denken und zu empfinden mit all deinen dir so teuren Apparaten hier! Du meinst vielleicht, ich würde erst existieren, wenn mein Schädel voller Dinge ist und die Natur eine Menge kleiner Verbindungen hergestellt hat! Aber wie soll ich dir klarmachen, daß mein Gehirn im Grunde nicht viel ist... kaum mehr als eine Schaltstation! Verwechsele bitte nicht den Stromzähler mit dem Strom selbst! Was du denkst, Papa, ist nicht die Frucht deiner Neuronen, und was du von dir und der Welt siehst auch nicht das Ergebnis einer chemischen Vereinigung. Es handelt sich vielmehr um einen Willen zum Zusammenhalten, der über alles hinausgeht, um eine Verdichtung von Liebe. Ich kann dir darüber nicht mehr sagen, da meine Seele noch zu jung ist, aber solltest du, oder deine Nächsten, jemals in deinem Leben den tieferen Sinn dieser Worte erfassen, wäre ich überglücklich. Ein Wesen, das auf die Welt kommt, erklärt sich nicht aus einigen Zellen, die sich zusammentun und dann wachsen..., genauso wie ein Gemälde mehr ist als ein einfaches Zusammentragen von Farben...

Versuche doch mal, mich zu hören! Bin ich etwa eine Seite aus einer philosophischen Abhandlung? Woher kommt dieser Blick, der dir nachts begegnet, wie du selbst zugibst? Ich weiß nicht, wie ich das Element nennen soll, das mich in deine Nähe bringt, nur weiß ich, daß es dich keineswegs beurteilen möchte. Seine Rolle ist es, Bindungen zusammenzuschweißen oder vielleicht noch einmal zusammenzuschweißen, und dies ist auch das einzige, das wirklich zählt.«

»Das ist doch nicht möglich! Was ist heute mit diesem Programm los?«

Rebekkas Vater seufzt laut und läßt mit einer brüsken Geste seinen Drehstuhl in Richtung seiner Arbeitskollegen herumschnellen. Das etwas kalte Licht der Halogenlampen scheint seine Augen zu irritieren; er erhebt sich mit dem etwas verklemmten Lächeln eines Mannes, der bestimmte Bilder loswerden, der von etwas anderem reden oder eine Seite seines Bewußtseins umblättern möchte.

»Ich kann mich heute nacht einfach nicht konzentrieren. Ein Kaffee würde mir schon guttun...«

»Wir haben schon vor dir daran gedacht, gleich wird er gebracht! F... ist bereits unterwegs in die erste Etage, um Kaffee zu holen.«

Rebekkas Vater erweckt den Eindruck, als sei er nun endgültig entmutigt; er läßt sich auf seinen Sessel zurückfallen, und ohne ein Wort zu sagen, macht er eine komische Grimasse, bevor er sich wieder seinem Computer widmet.

»Gibt es denn kein Mittel, aus diesem verdammten Programm rauszukommen!« brummt er vor sich hin.

»Und was sagt deine Frau zu all dem?«

Die Frage kommt wieder aus der einen Ecke des Computerraums, wo eine junge Frau nachlässig in einer Liste blättert.

»Natürlich ist sie überglücklich, ich auch... Wir sind beide wirklich sehr glücklich darüber!«

»Das meinte ich auch nicht... Ich meinte vielmehr das Baby... Welche Vorstellung hat zum Beispiel deine Frau davon, wie es auf die Erde kommt? Ist sie gläubig?«

»Ja, ich übrigens auch, aber das ändert nichts, zumindest gibt es für mich da keine Beziehung! Die Religion ist wie die Wissenschaft; sie schafft mit ihrer Geburt ganz neue Wesen!«

»Kommt dir deine Auffassung nicht etwas eigenartig oder ein wenig zu einfach vor? Hast du nicht das Gefühl, als fehle irgendwo ein Element in deiner Erklärung? Für mich erklärt dies alles rein gar nichts! Es ist so, als sagtest du zu mir, das Leben existiere, weil es existiere, oder das Licht sei an, weil man auf den Schalter gedrückt habe, oder aber ich benutze dieses oder jenes Wort in dem oder dem Fall, weil die grammatikalischen Regeln so oder so heißen... Niemand geht den Dingen wirklich auf den Grund!«

»Hör auf mit deinem Gerede, nachher kann ich nicht mehr schlafen!«

»Ich will dir nicht auf die Nerven fallen«, fährt die junge Frau in einem möglichst freundlichen Ton fort, »ich möchte dich nur ein bißchen mehr zum Überlegen bringen. Ich weiß auch, daß deine Frau sich die wahren Fragen stellt, denn wir haben neulich abends bei J... darüber diskutiert...«

»Was willst du noch mehr, du weißt ja dann schon alles...«

Ein plötzliches Schweigen folgt auf diese Worte. Rebekkas Vater kratzt sich energisch am Kopf und schluckt langsam den dampfenden Kaffee hinunter, den man ihm gerade in einem Pappbecher gebracht hat.

Unsere Freundin hat sich uns genähert, aber wir verspüren zunächst kein Bedürfnis, mit ihr zu sprechen. Der

Blick genügt, und wir lassen uns lieber von einer Emotion emportragen, die sich in ihren Blick versenkt...

Schließlich beginnt Rebekka: »Schon lange habe ich nicht mehr so etwas Intensives gespürt. Diese kleinen Tränen sind für mich der Beweis, daß ich hinabsteige! Dies ist weder ein Zeichen von Freude noch von Trauer. Es ist eher etwas Undefinierbares, eine Art tiefer Zärtlichkeit, in die sich etwas Melancholie mischt. Ich habe das Gefühl, schon in dieser Welt zu sein, wo alles zögert und wo dieses Zögern bestimmte Wesen so zerbrechlich und damit auch manchmal so schön macht.

Seht ihr, ich glaube, daß ich ihn erst diese Nacht wirklich zu lieben begonnen habe, den da mit seinen langen Beinen. Nicht etwa, weil er mein Vater werden wird... nein, dies hat nichts zu bedeuten, sondern weil seine Seele aus seinen Worten spricht. Nur ich kann dies herausspüren, und ich bin mir nun mehr als sicher, daß dies mit einer früheren gemeinsamen Geschichte zu tun hat. Irgend etwas sagt mir, daß wir beide die gleiche Angst davor haben, uns wiederzutreffen. Ich sehe die Dinge anders als er, und er regt mich auf, aber ich bin trotzdem überglücklich darüber, daß er mein Vater ist und kein anderer; ich kann ihm auch nicht mehr böse sein.«

»Du warst ihm also wirklich böse Rebekka?«

»Ein bißchen... Natürlich spüre ich, daß es zwischen uns noch ich weiß nicht welches Problem gibt, das nicht gelöst ist, aber das steht auf einem anderen Blatt! Aber ich wollte mit euch von einem kleinen Detail sprechen, das mich verletzte...

Bis jetzt habe ich dieses Thema nie anzupacken gewagt, aber heute ist es so wunderbar, daß es nun sein muß und ich so meinen heimlichen Groll endlich loswerde. Die Tatsache, daß ich euch davon erzählen kann, hat für mich etwas Befreiendes an sich.

Als mein Vater erfuhr, daß er bald mit meiner Anwesenheit rechnen muß, hat ihn so etwas wie Panik erfaßt. Der Ausdruck ist vielleicht ein bißchen zu stark, auf jeden Fall spürte ich dank des Lichtfadens, der mich mit ihm verband, ganz deutlich eine Art von Zurückweichen statt des von mir erwarteten Freudenausbruchs. Ich habe dann ein bißchen in seiner Seele gelesen und dabei entdeckt, daß er sich ein paar Stunden lang sagte, vielleicht soll man ›ihn‹ nicht behalten! Ich hatte keineswegs Angst um mich, denn ich wußte nur zu genau, daß dies die ersten, noch ungeordneten Gedanken waren. Übrigens hat er meines Wissens diesen Gedanken nie laut ausgesprochen. Er war vielmehr das Zeichen einer undefinierbaren, dummen Angst, die schnell wieder vorbeiging. Aber er hat uns beide etwas verkrampft. Von Anfang an wußte ich, daß er mich wirklich wollte, daß ich mir aber ein unnachgiebiges Szenarium zusammengebastelt hatte!

Heute nacht verstehe ich ein bißchen besser, was Liebe ist, denn ich fange an, seine Unzulänglichkeiten zu verzeihen und zu lieben.«

»Wir wissen nicht, ob dies der richtige Augenblick ist, Rebekka... aber wir würden gern deine Meinung zum Thema Abtreibung kennenlernen. Haben deine Freunde hierüber irgendwelche Aussagen gemacht?«

»Natürlich haben sie mit mir darüber gesprochen, aber ich weiß sicherlich nicht mehr als andere Personen oder was man auf Erden zu diesem Thema empfindet. Ich kann euch vor allem die Geschichten einiger meiner Wegbegleiter erzählen, die selbst, sozusagen ›von innen heraus‹, eine Abtreibung erleben mußten.

Vor allem die Erzählung einer meiner Freundinnen hat mich zutiefst getroffen. Bereits als sie erfuhr, welche Familie ihr bestimmt war, war ihr sofort klar, daß das Risiko einer Ablehnung vorhanden war. Einerseits hatten ihre Führer ihr dies zu verstehen gegeben, und andererseits sah sie bereits in den ersten Bildern, die sie von der Erde mitnehmen konnte, daß ihre zukünftigen Eltern nicht wirklich bereit waren, sie aufzunehmen.«

»Sie waren nicht bereit für dieses bestimmte Mädchen oder für Kinder ganz allgemein?«

»In ihrem Fall wohl für ein Kind ganz allgemein. Aber ich kenne andere Fälle, wo es eher die unbewußte Ablehnung einer bestimmten Seele war, die sich inkarnieren wollte, die dann zur Abtreibung führte.«

»Deine Freundin ging aber dann doch dieses Risiko ein?«

»Sie hat es genauso akzeptiert wie die meisten von uns in einer ähnlichen Situation. Um dies zu verstehen, dürft ihr nicht vergessen, daß wir hier unserer Seele sehr nahe sind und daß wir uns an einer solchen Friedensquelle laben, daß viele Schwierigkeiten in Zusammenhang mit einer Rückkehr sich von selbst entdramatisieren.

In meiner Welt wissen wir alle, daß es für jeden von

uns eine außerordentliche Leitlinie gibt, die uns zu einem wunderbaren Liebespotential führt. Dabei treten wir in Verbindung mit einer Art Gesamtkonzept, das uns eindringlich beschwört, allen Widerständen zum Trotz zuversichtlich zu bleiben. Diese Haltung – ich hoffe, ihr könnt mir folgen – hat nichts zu tun mit einem Narkotikum, das die möglichen Hindernisse verschleiert. Wir empfinden dies eher als eine Bewußtseinserweiterung, die es uns ermöglicht, einen Großteil der Schwierigkeiten zu relativieren. Wie ihr seht, gibt es in uns stets etwas Schönes und Gerechtes.

Natürlich gibt es Bewußtseinssphären, die weniger entwickelt sind als die, aus der ich komme; hier wird das Thema der Abtreibung nicht einmal erwähnt, da die Rückkehr in einen Menschenkörper in einer Art Halbschlaf, manchmal sogar im Totalschlaf erlebt wird. Aber ganz gleich, aus welcher Welt die Seele auch immer stammt, man darf dabei nicht vergessen, daß die sowohl materielle als auch subtile Biologie, die ihrer Inkarnation vorausgeht, sie etwa drei Wochen nach der Empfängnis an den Embryo bindet. Dies bedeutet keineswegs, daß von diesem Zeitpunkt an dieses Bewußtsein bereits fest in dem künftigen Fötus verankert ist, aber es dringt hier zum ersten Mal in die Aura seiner künftigen Mutter und damit in ihren Leib ein.

Dies bedeutet auch, daß die Atomkeime seiner physischen und ätherischen Körper nun in seiner Mutter vorhanden sind und daß sie ihrerseits die der subtilsten Körper bereits anziehen. Dies führt natürlich zu einer Bindung, die niemand leugnen kann, und wenn eine solche Art von Verbindung reißt, führt dies automatisch zum Leiden.

Je entwickelter der Embryo oder der Fötus ist, desto größer ist auch dieses Leiden. Im Falle meiner Freundin fand die Abtreibung zwei Monate Erdenzeit nach der Empfängnis statt, und sie erzählte mir, wie schmerzlich sowohl auf körperlicher wie auf psychischer Ebene ihre Ausstoßung war. Sie erlebte dies nach eigenen Worten wie einen zweiten Tod inmitten des Todes, den die Geburt gewissermaßen darstellt.

Abtreibung ist im Grunde ein Irrtum. Dies hat nichts mit Moral zu tun, denn heute weiß ja jeder, daß die Moralbegriffe sich im Laufe der verschiedenen Kulturen verändern, sondern eher mit einer gewissen Achtung vor dem Leben, das ja nicht erst mit der Niederkunft beginnt. In Wirklichkeit hört Leben nie auf, es ist ein ständiger Strom; und wenn wir es daran hindern, sich auszudrücken, hemmen wir gleichzeitig einen Teil des Lebens in uns.«

Rebekka schließt die Augen und scheint in sich zu lächeln. Auf ihrem fast durchscheinenden Gesicht eines kleinen Mädchens liest man fast die Sonnen und die Wolken, die in ihrem Inneren vorbeiziehen. Diese Transparenz ihres Gesichtes verwundert uns, kontrastiert sie doch dermaßen mit der Dichte des Körpers, der sie ruft. Sie strahlt Verminderung des Ego und Reife eines Herzen aus, das sich öffnet und sich nach und nach von Überflüssigem befreit.

In einer Ecke des Raumes ist ein Mann mit wirrem Haar immer noch über die Tastatur seines Computers gebeugt. Aber irgend etwas in ihm ist dabei, sich zu verändern. Seine Gesten sind nicht mehr unwillkürlich noch abgehackt. Kein Wort kommt über seine Lippen, aber die Farben seiner Seele sprechen eine um so deutlichere Sprache. Zwar geht es noch nicht um Verstehen, aber doch um einen Schleier, der sich bald heben, und um eine Verkrampfung, die bald verschwinden wird.

»Genau das erhoffte ich von ihm«, murmelt Rebekka, »eine Art von ›warum nicht‹. Er stellt so sehr dieses ›warum nicht‹ dar; ein Fleckchen Rost, das abfällt, ein vielversprechender Anfang«!

»Entschuldige bitte, Rebekka, aber ich muß nochmals auf die Abtreibung zurückkommen, die so viele Männer und Frauen beschäftigt... Es ist klar, daß eine Abtreibung ein Fehler ist und daß man diesen in diesem oder dem nächsten Leben reparieren muß, indem man erneut das Wesen bei sich aufnimmt, das bereits an die Tür geklopft hatte. Nur möchten wir deine Meinung über bestimmte Abtreibungen kennenlernen, die aus therapeutischen Gründen notwendig sind.«

»Meine Meinung ist vollkommen unbedeutend, denn ich bin nur eine Seele unter der Myriade derer, die einen Körper suchen. Nur was ich selbst gelebt oder gesehen oder behalten habe, kann von Bedeutung sein.

Dieser Begriff der therapeutischen Abtreibung oder Abtreibung aus Gesundheitsgründen ist ganz neu für mich, wie übrigens viele andere Begriffe. Was ich hierüber erfahren habe, relativiert natürlich das, was ich euch zuvor erklärt habe.

Meine Führer haben mir beigebracht, daß ein

Schwangerschaftsabbruch kein Fehler an sich sei, wenn ein Wesen von seiner Empfängnis an sich so schlecht entwickle, daß ein kaum lebenswerter oder sogar mißgestalteter Körper unvermeidlich sei. Ich glaube, endlich verstanden zu haben, daß nicht die Natur Fehler macht, sondern wir alle in unserer Anwendung und unserer Auslegung ihrer Gesetze. Ein Embryo oder Fötus, der in sich bereits die Zeichen einer körperlichen Mißgestaltung trägt, die eine Existenz zur Hölle werden lassen kann, sind oft das Ergebnis einer physischen oder moralischen Wunde, die der sich inkarnierenden Seele in einem früheren Leben geschlagen wurde. Man hat mir erklärt, daß ein solcher Fall die Reaktion dieser Seele darstelle, die sich dank der Atomkeime so schnell wie möglich von ihren Narben befreien wolle.

Aber dies ist gewiß nur ein Aspekt der Frage, auch sind meine Kenntnisse in diesem Bereich äußerst gering; ich möchte lediglich noch eine Kleinigkeit hinzufügen, die mir allerdings so wichtig erscheint, daß mein Herz sie nicht zurückhalten möchte: Ich weiß aus meinem Unterricht und aus Beobachtungen bei meinen Freunden, daß man den Irrtum einer Abtreibung auch nicht dramatisieren soll. Natürlich gibt es da so etwas wie Leiden, wie Fehler, aber es gibt auch Liebe und Verzeihen, und beide sind die schönsten Wundbalsame, die es überhaupt gibt. Sie machen alles wieder gut und heben Gewissensbisse auf, da sie selbst das Leben sind.

All denen, die sich in diese Richtung verirrt haben, möchte ich zunächst raten, sich selbst zu verzeihen. Dies soll nicht etwa heißen ›Schließt die Augen und vergeßt!‹

sondern vielmehr: ›Wißt, daß das Leben unendlich ist und euch Gelegenheit bieten wird, alles wieder gutzumachen, sofern ihr eurem Herzen keine Hindernisse in den Weg legt.‹

Ich habe zum Beispiel gesehen – aber dies dürft ihr nicht verallgemeinern! –, daß viele Kinder von Eltern adoptiert werden, die diese zu einem anderen Zeitpunkt nicht bekommen hatten.

Wir werden uns alle stets auf dem gleichen Weg wieder treffen, bis wir ihn verstanden haben, denn es gibt nur diesen einen!«

»Du erzähltest uns von den Myriaden von Seelen, die einen Weg suchen...«

»Ja, und ich sagte sehr wohl ›die suchen‹. Ich habe diese Seelen in meiner Art von Träumen gesehen, die meinem Hinabsteigen vorausgingen. Ihre Anwesenheit in den vielen Welten traf mich wie eine riesige Welle, wie ein unglaublicher Windstoß. Nicht Angst war es, sondern eine oft ungeduldige Erwartung, die aus diesen Millionen von Lebensformen sprach, die sich bewußt waren, daß ihr Kommen oder Gehen auf materieller Ebene immer noch das Schönste war, was sie sich wünschen konnten.

Gerade auch deswegen möchte ich ein Lob auf das Leben singen. Nur allzu wenige Männer und Frauen schätzen das Geschenk, das die Erde ihnen mittels eines Körpers macht, mittels eines Mundes zum Essen, mittels der Lungen zum Atmen, mittels der Arme zum Umschließen! Alles ist rein für den, der zu schauen weiß! Das Leben teilt keine Ohrfeigen aus, sondern reflektiert nur das, was wir in seinen Raum entsenden ... und ich selbst, meine Freunde, ich sehe dort nur noch Licht, nur noch Hoffnung und nur noch Rechtlichkeit, kurz: nur noch Liebe ...«

Rebekkas Vater hat seine Bewegungen unterbrochen, sein Blick ist starr und unbeweglich; erneut läßt er seinen Stuhl kreisen, steht auf und geht, etwas zögernd, die Hände in den Hosentaschen, in Richtung auf die junge Frau.

»Weißt du«, murmelt er, indem er sich gleichzeitig räuspert, »eines Tages möchte ich ganz gern wieder mit dir von diesen Dingen reden. Denn ich sage mir ... warum nicht?«

KAPITEL VII

April

Unser letzter Kontakt mit Rebekka ist nun bereits drei Wochen her, ein relativ langer Zeitraum, der sich sowohl erklärt aus den Umständen des alltäglichen Lebens als sicherlich auch aus der Notwendigkeit, gegenüber so vielen Erlebnissen einen gewissen Abstand zu gewinnen.

Als wir erneut den Ruf zu einem Wiedersehen in uns verspüren, haben wir keine Ahnung, wo und wie diese Begegnung stattfinden soll. Sollen wir uns in die Nähe von Rebekkas Eltern begeben oder uns ohne jedes Zutun von ihrer kleinen Lichtsphäre anziehen lassen?

Im Verzicht auf ein Wollen liegt stets die Antwort, und so führt ein unsichtbarer Ariadnefaden unseren Bewußtseinskörper zu seiner genauen Bestimmung . . .

In einem durchsichtigen und gleichsam duftverbreitenden Schweigen empfängt uns der kristallklare Blick eines Kindes, das unser gesamtes Blickfeld ausfüllt. Ein paar Augenblicke später erkennen wir Rebekka. Ihre Verwandlung ist weitergegangen . . . und der Fötus hat ein wenig deutlicher die Umrisse ihrer Seele ausgeformt: Wir haben nun ein Mädchen von sechs oder sieben Jahren vor uns, das uns sein Herz öffnen möchte . . .

Ein leises Murmeln kommt von ihren Lippen.

»Wie soll ich groß werden, wenn ich schon nicht akzeptiere, ganz klein zu sein...?«

Die Metamorphose unserer Freundin ist seit unserer letzten Begegnung so groß, daß wir einige Mühe haben, sie bei ihrem Namen zu nennen.

»Ich bin jetzt wirklich nicht mehr Rebekka«, meint sie mit einem Lächeln, als habe sie unser Zögern erraten. »Mama hat den Vornamen, den ich ihr jede Nacht angeboten habe, endlich angenommen... Jetzt gehöre ich ein bißchen mehr zu euch, zur Erde, denn ich bin nun S... Die Schwingung dieses Vornamens ist für meine Seele wie ein Schmuck, den man mir zum Geschenk macht und den ich mir offenbar schon seit so langem gewünscht habe... Als meine Mutter neulich aufwachte, entwich ihr dieser Name fast wie ein Schrei.«

Während wir Rebekkas Worte lauschen, werden wir uns allmählich des Ortes bewußt, der uns seine Pforten geöffnet hat. Entschlossen nimmt uns unsere Freundin bei der Hand, um uns offenbar schneller in ihre Wirklichkeit zu begleiten.

Erneut befinden wir uns in dem malvenfarbenen Schlafzimmer ihrer Eltern. Durch die halb zugezogenen Vorhänge dringt das Sonnenlicht und taucht den ganzen Raum in einen rötlichen Schein.

Die junge Mutter unserer Freundin, die einst Rebekka war, liegt ausgestreckt auf ihrem Bett und blättert sorglos in einer Zeitschrift, sofern heftige Hustenreize ihr die Zeit dazu lassen.

Erneut schaut uns unsere Freundin an mit einem Lächeln, das nach Schelmerei und geheimem Einverständnis duftet; das Lächeln eines Kindes, denn die Erwachsene, die wir kennengelernt hatten, ist bereits dermaßen weit entfernt von uns...

»Warum schaut ihr mich so an? Hat sich meine Seele so sehr verändert? Sie war noch nie so reif...«

Wir haben kaum Zeit, ihr zuzustimmen, als wir am anderen Ende der Wohnung eine Stimme vernehmen, die das Geklirr von Küchengeräten kaum übertönen kann:

»Noch eine Minute, und ich bringe dir den Tee!«

»Meine Mutter ist ein bißchen krank, und deswegen habe ich euch auch erneut hierhergerufen«, flüstert unsere Freundin so leise, als sollten andere Ohren dies nicht vernehmen. »Meine Mutter hat sich erkältet und muß nun das Bett hüten. Und wie alle Fieberkranken erfährt ihre Aura eine Veränderung, die ich euch zeigen wollte. Ihr wißt ja, daß in einer solchen Situation die Verankerung des feinstofflichen Körpers an den materiellen Körper lockerer wird. Wesen wie ich zum Beispiel können also auch leichter in die von diesen Körpern ausstrahlenden Lichtelemente eindringen. Die feinstoffliche Materie, die diese Lichtkörper bildet, ist wie auseinandergezogen und erleichtert damit den Kontakt mit der Welt, in der wir drei uns im Augenblick befinden.

Dies ist auch der Grund, warum ich gerade heute mit Mama sprechen möchte. Ich spüre, daß dies heute leichter möglich ist als sonst, und ich möchte, daß ihr mir dabei helft oder daß ihr zumindest beobachten könnt, denn trotz meiner persönlichen Fragen an meine Mutter vergesse ich nicht die Aufgabe, die wir zusammen zu Ende bringen wollen.

In wenigen Augenblicken wird meine Mutter einschlafen, und wir werden sehen, wie sich ihr Bewußtseinskörper langsam über das Bett erheben wird. Ich stelle mir vor, daß wir dann versuchen sollen, ihre Aufmerksamkeit ganz besonders zu erwecken, sie schnell aus der Lethargie der ersten Schlafphasen zu ziehen und dann in die Lebenskugel einzudringen, die ihre Seele bald hervorbringen wird ... das heißt, daß wir das bevölkern, was sie ihren Traum nennen wird, um so eine echte Verbindung zu haben.«

»Aber dies hast du doch bereits ganz alleine gemacht?«

»Ja, ich habe dies genauso gemacht wie alle zukünftigen Kinder; dann habe ich dies mehrmals wiederholt, um ihr den Vornamen einzuflößen, nachdem meine Seele verlangte. Nur ist es dieses Mal ein bißchen anders, denn ich möchte mit Erlaubnis meiner Freunde versuchen, mit ihr eine wirklichere und stärkere Verbindung herzustellen als nur einen einfachen Blick, als lediglich einen Eindruck oder auch nur einen unvollständigen Satz, der beim Erwachen noch in der Erinnerung schwebt.

Ich zögere ein wenig, euch von alledem zu sprechen ... aber ich habe in Erfahrung gebracht, daß meine Mutter schon mehrmals in früheren Leben meine Schwester war. In Wirklichkeit ist dies allerdings kaum von Bedeutung, und ich werde ihr dies auch nicht sagen, denn ich selbst werde es vergessen; aber ich hoffe, ihr etwas über meinen Lebensweg sagen zu können, über die Umstände, in denen ich ihre Hilfe, ihren Schutz oder ihre Begeisterung brauche. Viele von uns haben die Möglichkeit, in dieser Richtung mit mindestens einem künftigen Elternteil etwas zu unternehmen, aber mein Glück ist es, daß man mir erlaubt hat, ihr dies alles ganz genau in Einzelheiten zu suggerieren. Denn dies hängt schließlich von unser beider Entwicklungsniveau ab.«

»Du sprichst von Erlaubnis. Gibt es also ›jemanden‹, der dies alles lenkt und leitet?«

»Es geht hier im Grunde nicht um Lenken und Leiten. Ich habe vielmehr verstanden, daß es Seelen gibt, die aufgrund ihrer größeren Anzahl an Leben oder ihrer stärkeren Liebe als unsere älteren Brüder und Schwestern anzusehen sind, und daß deswegen das Leben ihnen das Recht einräumt, uns eher in die eine oder andere Richtung zu lenken oder uns diese oder jene Tür zu öffnen. Sie tun dies allerdings nicht willkürlich, sondern aufgrund ihrer klareren Vision der Notwendigkeit und des Ziels.

Ich bin nur ein Bewußtsein unter einer unzähligen Menge anderer, allerdings bin ich mittlerweile auf einem Evolutionsniveau angekommen, auf dem ich meine feste Absicht, dem Leben zu dienen, ausdrücken kann. Deswegen hat man mir auch erlaubt, bestimmte Einzelheiten meiner zukünftigen Entwicklung in die Erinnerung meiner Mutter zu prägen. Aber damit dies klar ist, meine Freunde, wiederhole ich euch nochmals, daß ich keine Bestimmung habe, wie die Menschen dies zu nennen pflegen, und daß ich lediglich eine ›Arbeitsbiene‹ unter anderen sein werde; und ich spreche euch auch nur von all diesen Dingen, damit immer mehr Eltern auf die ›Zeichen‹ achten, die das Leben ihnen schickt im Zusammenhang mit den Wesen, die sich durch sie inkarnieren. Eine ganze Welle von Inkarnationen mit der Aufgabe, Zerstörtes wiederherzustellen, kommt auf die Erde zu. Diese Seelen sind nicht außergewöhnlicher als andere, nur haben die Erneuerungskräfte, die heute unser Sonnensystem überschwemmen, sie oft mit einer starken Willenskraft ausgestattet, die es natürlich richtig einzusetzen gilt. Das Verständnis für diese Aufgabe und der Respekt ihr gegenüber erfordert von den Eltern eine geschickte Mischung aus Festigkeit und Beweglichkeit. Sie müssen lernen, zwischen den Zeilen des ›Marschbefehls‹ zu lesen, den sie mit ihren Kindern teilen.

Ich sagte gerade noch ›mit ihren Kindern‹, allerdings wird dieser Begriff selbst nach und nach verschwinden und damit auch diese Auffassung von Besitzen und Gehören. Ich habe sehen und verstehen können, daß die Erde sich nun eher zu einer totaleren Sicht des Lebens und zu einem weniger ausgeprägten Individualismus hinbewegt. Natürlich braucht dies seine Zeit, aber die Winde werden uns trotz allem in die richtige Richtung wehen, denn die Egos sind genügend überladen und müssen nachlassen . . .

Um diese Richtung anzusteuern, brauche ich eine gewisse Unabhängigkeit und auch diese Art von Fallschirm, ich meine das Vertrauen, das mir vor allem meine Eltern wohl am ehesten entgegenbringen können. Und von all diesen Dingen möchte ich nun mit Mutti sprechen; könnt ihr mir helfen?«

»Aber wie können wir dir helfen? Es geht hier doch wohl eher um eine Kommunikation zwischen euch beiden?«

»Wenn wir drei es nun schaffen, in das ›Hologramm‹, um einen eurer Begriffe zu benutzen, ihres Traumes zu dringen, wird ihr Wesen davon stärker geprägt werden und somit auch stärkere Elemente mit ins Bewußtsein zurückbringen können. Alle zukünftigen Inkarnierten haben die Erfahrung gemacht, daß es für sie leichter war, die Erinnerung ihrer Eltern während der ersten Zeit der Schwangerschaft zu prägen. Die Gewöhnung der Mutter an das Leben mit etwas, ›das da ist‹, reduziert im allgemeinen die Erinnerung an bestimmte Kontakte.

Die Seelen, die sich inkarnieren, greifen somit zu bestimmten Lotsen, um die Vorstellungskraft zu beeinflussen. So versuchen sie zum Beispiel, sich neben verstorbenen Mitgliedern ihrer zukünftigen Familie zu zeigen; eine gewisse Gewöhnung muß unterbrochen werden, denn sie verringert die Aufmerksamkeit und leert dann die Erinnerung.«

Aus dem Flur; der zum Zimmer mit den malvenfarbenen Vorhängen führt, ertönt plötzlich das Geräusch von Schritten und von Geschirr.

»Er bringt ihr einen Tee«, flüstert unsere Freundin und beobachtet, wie ihr zukünftiger Vater mit einem Tablett näher kommt, auf welchem eine mächtige Teekanne thront.

Allerdings hat sich in der anderen Ecke des Zimmers die junge Frau bereits dem Schlaf hingegeben, während die Zeitschrift aus ihren Fingern geglitten ist.

»Schaut mal«, ruft Rebekka, während ihr Vater brummelnd das Tablett auf den Boden stellt, »schaut mal her!«

Etwa einen Meter über dem Bett schwebt die Lichtform eines Körpers wie eine Wolke mit ungenauen Formen und von milchigweißer Farbe. Gerade in seiner Einfachheit ist dieser Augenblick von unendlicher Schönheit. Wir empfinden ihn wie eine Pforte, die sich zu einem neuen Horizont hin öffnet. Vereint in demselben Schweigen beobachten wir das Geschehen, aber in Wirklichkeit gibt es für uns bereits kein Schlafzimmer mehr. Es gibt nur ein bläuliches Licht, das von diesem Körper ausgeht und das sich in alle Richtungen ausbreitet.

In jedem Augenblick, den wir nun neben dem Körper verbringen, bewohnt uns ein wenig mehr sein Leben und erweitert sich und umgibt uns ein wenig mehr sein Bewußtsein. Wir haben keine andere Wahl als uns ganz hinzugeben, und eine Welle vollkommener Liebe überlagert Zweifel und Fragen, ja sogar das ganze Mentalgefüge mit seiner analytischen Tendenz.

Und in einem bestimmten Augenblick, den wir nicht einmal selbst erfassen können, schlägt alles um: Eine Macht erfaßt uns und zieht uns an einen Ort absoluter Leere...

Jetzt zeichnet sich allmählich um uns herum ein weiter und weißer Raum ab, seine Mauerflächen, seine glatten und quadratischen Fliesen auf dem Boden erscheinen nach und nach in einer Helligkeit, die alles umfaßt. Seltsame Vorhänge aus rotem Samt an hohen Fenstern, die sich nun hervorheben, ziehen unsere Aufmerksamkeit auf sich. Und in der Sekunde, in der wir die Gesamtheit dieser Stimmung erfaßt haben und in der wir gerade die erste Frage stellen wollen, taucht plötzlich ein großer Metalltisch auf. Eine weibliche Gestalt mit einem langen, weißen Hemd liegt darauf und die Formen ihres Körpers sprechen von Geburt. Es herrscht eine absolute, fast kalte Stille; alles ist in fragender Erwartung. Es ist uns nun klar – aber an diese Möglichkeit hatten wir nie gedacht –, daß wir in den Mentalraum der jungen schlafenden Frau gedrungen sind. Für einige Augenblicke sind wir in ihren Träumen und erfassen die Bilder; die aus dem Unterbewußtsein auf die Erdastralzone projiziert werden, eine Welt, in der jede Seele ihr Licht ... oder ihr Nicht-Licht herausbildet.

»Mama?«

Die ein bißchen zögernde Stimme unserer Freundin unterbricht plötzlich das Schweigen und läßt uns fast zusammenzucken.

Statt einer Antwort füllen nun nichtssagende, kindische Gedankenfetzen den Raum.

»Ach, diese roten Vorhänge ... ich muß sie abmachen und waschen ... Ich muß dies noch tun, bevor ich von hier weggehe. Ich habe nicht viel Zeit. Der Arzt meinte, es blieben mir noch zwei Monate, um sie zu waschen. Ich weiß nicht, ob die Kleine es eilig hat ...«

»Mama?«

Jetzt füllt ein tiefes Seufzen den Saal, und bei seinem Abklingen färbt sich das Licht zunächst in Gelb und dann in Blau.

»Mama?« wiederholt nun zum dritten Male unsere Freundin, deren Anwesenheit an unserer Seite wir nur ahnen können.

Ihr Ton klingt nun fast autoritär, fast ungeduldig.

Und auf einmal, als habe dieser Ton einen Prozeß eingeleitet, erhebt sich eine weiße Gestalt von dem Entbindungstisch.

Wir sehen, wie die junge Frau die Füße auf den Boden setzt und friedlich auf uns zukommt. Ihr Blick ist offen, bereit zu empfangen. Rebekka oder S... – wir wissen nicht mehr so recht, wie wir sie nun nennen sollen – läuft auf sie zu und ergreift ihre Hände, als wolle sie sie nie mehr loslassen.

»Ich habe dir so viel zu sagen!«

»Ich dachte es mir schon... deswegen bin ich ja auch da... Meine Krankheit ist ja nur ein Vorwand, um dich leichter treffen zu können. Hilf mir, dich mitzunehmen. Ich weiß, daß ich träume, und ich möchte dein Gesicht noch nach meinem Traum in mir bewahren.«

»Ich möchte eher, daß du den Ton meiner Stimme, den Sinn meiner Worte und den meines Daseins in dir bewahrst und nicht mein Gesicht. Dies ist wichtig für unser beider Gleichgewicht, und auch für das von Papa. Erlaube mir, ganz klar mit dir hier vor unseren Freunden zu sprechen.«

»Ich glaube, deine Freunde zu kennen«, antwortet sanft die junge Frau, während sie uns offenbar zum ersten Mal anschaut. »Ich weiß nicht... aber ich kenne ihre Farben...«

Rebekka lächelt, und zwischen uns verdichtet sich etwas. Vielleicht die Qualität des Lichts... Und doch hat die junge Mutter offenbar den Raum mit den großen weißen Fliesen und den roten Vorhängen aus ihrem Bewußtsein gebannt, denn um uns taucht nun das Bild ihres eigenen Wohnzimmers mit ihrem großen Sessel auf. Auch hier erscheint alles in einer perfekten Kohärenz mit dem Geist, der die Struktur hierzu prägt.

Ohne zu zögern haben unsere Freundin und ihre zukünftige Mutter auf dem Boden Platz genommen.

»Mama . . . ich wollte dir zunächst sagen, daß ich nicht im Wasser geboren werden will. Ich weiß nicht genau, warum, aber ich will es wirklich nicht!«

»Aber man hat mir so sehr versichert, daß dies für dich so viel sanfter wäre!«

»Für andere sicherlich . . . Das flüssige Element vergeudet stets ein wenig vom Vitalkörper und verzögert so um einige Minuten die totale Herabkunft des Bewußtseins. Ich weiß nicht, warum, aber ich muß mich schnell verankern können, so verlangt es meine Natur. Und wenn du dich nicht mehr daran erinnern solltest, werde ich mir schon zu helfen wissen. Während einer gewissen Zeit muß ich meine Tendenz zum Träumen in den Griff bekommen, und ein längerer Kontakt mit dem Wasser hilft mir nicht dabei. Ich bin jemand, der sich schnell sehr stark inkarnieren muß. Nur so können die verschiedenen Komponenten des Äthers ohne Schwierigkeit ihren Platz in meinem Organismus finden. Und von ihrer festen Verankerung in mir hängen schließlich meine Unabhängigkeit und mein Wille ab.

Ich möchte dir damit nicht sagen, daß die im Wasser Geborenen mit einem Handicap auf die Welt kommen . . . keineswegs. Für einige unter ihnen kann dies im Gegenteil sogar eine Gelegenheit sein, Elemente ihrer Persönlichkeit oder auch nur ihr physisches Gleichgewicht gleich von Anfang an voll zu verwirklichen. Es gibt da keine absolute Regel, Mama, man muß nur zu lauschen wissen!«

»Aber würde ich nur auf mich hören . . ., würde es mir schon gefallen, dich im Wasser auf die Welt zu bringen!«

»Das ist dann auch nicht schlimm. Es muß dir vor allem klar sein, daß ich große Mühe haben werde, meinen inneren Frieden zu bewahren, solltest du bei meiner Geburt nicht in Harmonie mit dir selbst sein, und dies hat nichts mit einer Geburt im Wasser oder außerhalb des Wassers zu tun. Ich will um jeden Preis die Behaglichkeit deiner Seele, alles andere . . . meine Wünsche sind niemals mehr als Wünsche, und ich habe Vertrauen!

Allerdings gibt es da eine Sache, um die ich dich eindringlicher bitten möchte: Wähle zur Entbindung bitte keinen Ort, wo man meine Geburt künstlich um Stunden vor- oder zurückverlegt, nur weil dies besser in den Zeitplan des medizinischen Personals paßt. Sollte dies jedoch der Fall sein, auch kein Grund zur Panik! Mein dritter und vierter Plexus könnte vielleicht während der ersten zwei, drei Jahre darunter leiden und so meinen Schlaf etwas schwieriger gestalten. Alle chemischen Stoffe, die man in einen Körper injiziert, haben einen feinstofflichen Aspekt, der natürlich auf Organismen mit der gleichen Schwingungsnatur wie sie selbst agiert. Vergiß nicht, daß alles lebt und die Chemie sich in der Vitalwelt fortsetzt.

Sollte es keine physiologischen Schwierigkeiten geben, rate ich dir, der Natur freien Lauf zu lassen. Sie weiß, wann ich kommen soll und warum genau zu diesem Zeitpunkt und nicht zu einem anderen.

Jede Parzelle der sogenannten ›Zeit, die verstreicht‹, Mama, steht in enger Beziehung zum Geist der Materie. Sie informiert ihn laufend und speichert in ihm alle Veränderungen, denen das All ständig unterworfen ist. Das Licht, das unsere Seele wie auch unsere Zellen nährt, ist nie identisch mit sich selbst. Es erneut sich in jedem Augenblick und füllt sich mit anderen Düften; es ist wie der Wind, der durch die Blätter bläst und dessen Weg und Stärke sich unaufhörlich neu bilden.«

»Und du bringst mir dies alles bei?«

»Heute bin ich es ... und morgen bist du es, die mich daran erinnern wird ... auf jeden Fall bitte ich dich darum!«

»Aber niemals werde ich mich an all dies erinnern können ...«

»Du wirst Wesentliches weitergeben können. Und dank dessen wirst du deine Rolle spielen können, wenn du dir keine Hindernisse in den Weg legst. Sobald man an einer Quelle getrunken hat, erinnert man sich stets an ihren Geschmack — ob man will oder nicht!«

Diese Worte kamen so spontan aus unserem Herzen, daß wir sie nicht zurückhalten mochten, auch wenn wir uns nun ein bißchen genierten, aus unserer bis jetzt eingehaltenen Reserve herausgegangen zu sein.

Die junge Mutter läßt einen tiefen Blick auf uns ruhen, einen Blick, der seine Leitlinie sucht und der auslotet ... Wer von uns hat nicht im tiefsten Winkel seiner Erinnerung das Bild von unbekannten, stets rätselhaften Gesichtern, die ihm in seinen Träumen begegnet sind? Sie hinterlassen in uns Spuren von Düften und Reizen, die das Bewußtsein oft überdeckt, die aber insgeheim ihre stille Arbeit verrichten.

»Bewahre in dir stets den Geist, auch wenn der Buchstabe dir entfällt. Vergiß schnell den Buchstaben, wenn du spürst, daß er bereits den Geist verschüttet... Wir sind zu dritt gekommen, Mama, damit deine Seele von einem stärkeren Friedenswillen geprägt werde. Wenn ich dich über meine Wünsche und ihre Gründe informiere, so hat dies nicht den Zweck, daß du sie wie auf einem Wunschzettel numerierst, sondern daß du sie anwendest. Mein innigster Wunsch ist, daß du sie empfindest, denn auf der Ebene dieses Empfindens wirst du stets wissen, was für mich, was für uns am gerechtesten ist.

Die meisten zukünftigen Eltern werden wie du in diesem Augenblick angesprochen, und unter der Menge der Informationen, die sie erhalten, ist vor allem der Rat wichtig, sich sehr wohl den Blick ihres Kindes einzuprägen, denn dank dieser Verbindung findet und erfüllt die bewußte oder unbewußte Erinnerung ihre Aufgabe und hilft dem Lebensweg, seine Spur zu ziehen.

»Aber hast du mit mir schon von dieser Richtung gesprochen, in der wir dich gehen lassen müssen? Wenn ja, so habe ich schon wieder alles vergessen...«

»Ich habe mit euch beiden davon gesprochen. Es gibt Kreuzungspunkte, die in eurem Innersten angegeben sind, und ich weiß auch, daß ihr sie erkennen könnt, sofern euer Leben nicht das meine überlagern möchte. Manchmal werden Eindrücke oder Gewißheiten in euch wach werden, die nichts anderes sind als der Widerschein der hier gemeinsam entworfenen Strukturen.«

»Warum sagt du ›gemeinsam‹? Du bist es doch eher, die deine Richtung gewählt hat . . .«

»Ich habe sie nur entsprechend den Dingen gewählt, die wir gemeinsam leben können und müssen. Ich schlage sie vor, um eine gemeinsame Geschichte fortzusetzen. Aber ihr habt stets die Möglichkeit, anzunehmen oder abzulehnen. Ich errichte euch, während ihr mich aufbaut, und wenn wir die Spur dessen, was wir über den Körper hinaus sind, zu bewahren wissen, so sind dies weder Gefängnisse, die wir bauen, noch Zwänge, die wir auferlegen, sondern Seiten, die wir mit einer gleichen Bewegung umzublättern lernen.«

»Weißt du also bereits, woraus das Morgen gemacht sein wird?«

Bei dieser Frage empfand die junge Frau das Bedürfnis, sich vom Boden zu erheben; ihre Fragestellung hinterließ im Raum ein gelbliches Licht, Zeichen einer gewissen Angst. Die fiktiven Wände des Wohnzimmers sind dabei näher gerückt und reflektieren so einen Mentalraum, der sich allmählich zusammenzieht.

Ohne ihre Stimmlage zu verändern, antwortet Rebekka: »Ich weiß nicht genau, was morgen sein wird. Man hat mich nur gelehrt, woraus wir dieses Morgen machen können. Man hat mir die Tore gezeigt, die sich öffnen und diejenigen, die sich mit einem Vorhängeschloß verschließen können. Im Grunde hat man mich ein bißchen mehr informiert über den Lebensrhythmus auf Erden, und ich habe dabei eine Folge von unvermeidlichen Notwendigkeiten entdeckt, die von einigen wunderbaren Gelegenheiten aufgelockert waren.«

»Was ist eine unabwendbare Notwendigkeit?«

»Die Transformation, Mama... die Umwandlung. Selbst die Materie dieser Welt, in der wir zusammmen leben werden, ist einem Mutationsprozeß unterworfen. Sie unterliegt bereits anderen Gesetzen als früher. Der kleine Körper, dem du in diesem Augenblick hilfst, sich zu formen, unterliegt bereits nicht mehr in jeder Beziehung den offenbar unumstößlichen Regeln früherer Generationen. Seine Moleküle sind etwas feiner geworden und können ihr Kombinationsfeld erweitern. Ich wiederhole dir, was ich schon einmal sagte: die Materie ist intelligent. Im Laufe der Zeit wird sie sich ihrer selbst bewußt. Die Zellen lernen nach und nach, an das Bild der Seele zu denken, die sie erschafft. Jede von ihnen soll da zur Sonne werden, wo sie sich befindet. Diese Fähigkeit der Zellen, ein Selbstbewußtsein zu entwickeln, wird der sich öffnenden Welt erlauben, einen Schritt in Richtung Licht zu tun. Ein solcher Schritt kann sich durch eine schnellere und größere Regeneration des Gewebes ausdrücken, sofern unsere Innenwelt sich gleichzeitig auch von ihren Schlacken befreit.

Ich möchte dir damit nur sagen, daß uns eine außergewöhnliche Gelegenheit zum Wachsen gegeben ist, und dies bis in den physischen Bereich hinein. Nur muß unser Herz folgen... und sich für diesen neuen Vorstoß des Lebens interessieren. Deswegen warten auch der Fötus, den du in dir trägst, und viele andere mit ihm auf die Stunde ihrer Geburt, da sie bewußter auf die Welt kommen können mit einem Herzzentrum, das wesentlich offener ist.«

»In meinem Innersten spüre ich, was diese Zentren darstellen. Ich sehe zwar diese nicht sehr deutlich, aber ich habe den Eindruck, als entsprächen sie einem sehr alten Wissen, das von was weiß ich welchem Schleier verdeckt ist.

Es gibt Zeiten am Tag oder auch nachts, wo ich dich deutlicher in mir spüre... Hängt dies vielleicht mit der Kraft deines Bewußtseins oder mit der Aktivierung dieser Zentren zusammen?«

»Vielleicht beides... es ist schon richtig, daß sich im Laufe eines Tages die Kraftzentren eines Fötus ausweiten oder zusammenziehen, und somit natürlich auch die Beziehung Mutter/Kind verändern. Diese Veränderung entspricht dem Rhythmus einer subtilen Uhr, den du dir allerdings nicht zu merken brauchst, da es dir nicht viel bringt; allerdings mußt du wissen, daß ein bestimmter Plexus meines sich heranbildenden Körpers wie eine offene Tür für das gleiche Zentrum deines Körper ist. Ich meine damit unsere Herzzentren. Benutze stets diesen wunderbaren Weg zwischen uns beiden, wenn du mir etwas sagen willst oder wenn du von mir etwas haben möchtest.«

»Aber wie soll das gehen?«

»Wie? Ohne zuviel zu fragen! Indem du einfach alle deine Liebe an dieser Stelle konzentrierst, ähnlich einer Lichtkugel. Und dann, während einiger Augenblicke, darfst du nichts in meine Richtung projizieren, nicht einmal deinen Willen anspannen. Sprich mich nur an, als sei ich bereits da, vor dir, denn in Wirklichkeit werde ich dasein, da deine Offenheit mich gerufen hat. Man hat mich da, wo ich herkomme, stets gelehrt, daß die Einfachheit immer der kürzeste Weg sei . . .«

Plötzlich ist das Licht um uns von dunklen Streifen durchzogen; der Salon und der große Sessel verschwinden wie in einem Donnerschlag, den wir fast bis in unser Zentrum nachempfinden.

Nichts um uns herum erinnert noch an den Traum der jungen Frau. Ihr Mentalraum ist zerplatzt; wir drei stehen uns nun selbst gegenüber und versuchen, ein neues Gleichgewicht zu finden. Aber bald tauchen die Wände des malvenfarbenen Zimmers aus dem Nichts wieder auf und nehmen ihren gewohnten Platz ein, während wir den Eindruck haben, irgendwo an der Decke verankert zu sein.

Alles ist in ein Dämmerlicht getaucht. Rebekkas Mutter erscheint erneut in ihrem Bett; sie ist offenbar noch nicht ganz wach, runzelt die Stirn, versucht, sich langsam aufzurichten und sucht nun offenbar auf ihrem Nachttisch nach einem Schalter.

Vom Ende des Gangs her ertönt eine laute, ungelegene, ungeschickte Stimme. Rein intuitiv erfassen wir sofort, daß es sich um die eines Kurierfahrers handelt, die uns so brutal in eine andere Wirklichkeit befördert hat.

Innerlich seufzen wir . . ., denn so viele Fragen blieben noch offen.

Wir spüren das Gesicht unserer Freundin ganz nahe vor uns, ebenso ihren schmächtigen Körper, der Schutz zu suchen scheint.

»Was soll's . . . die Fortsetzung folgt später . . .!«

Rebekka kann kaum mehr sagen, denn mit lautem Knall flog am anderen Ende der Wohnung eine Tür zu.

»Wer war's?«

»Niemand... nur ein Auslieferer, der sich in der Etage geirrt hatte! Hat er dich geweckt?«

»Ich hatte einen eigenartigen Traum... Ich weiß nicht, wo ich war. Zunächst war ich auf so einer Art Entbindungsstation und dann, ohne zu wissen, wie ich dahin kam, befand ich mich im Wohnzimmer und unterhielt mich. Es gab da, wenn ich mich recht erinnere, drei Personen, die ich kannte; ein kleines Mädchen sprach unaufhörlich mit mir – ich fühlte mich wie in der Schule. Ich weiß nicht mehr genau, worüber wir redeten, aber ich empfand es als sehr wichtig, und fast habe ich jetzt Lust zu weinen..., ich habe das Gefühl, zu schnell ein Buch mit einer wunderschönen Geschichte zugeklappt zu haben.

Ich frage mich auch, ob nicht sie es ist, die mich besuchen kommt«, fährt die junge Frau fort, indem sie mit der Hand über die Rundungen ihres Leibes streicht. »Mach dich also bitte nicht über mich lustig!«

Rebekkas Vater tut so, als habe er den Bericht seiner Frau nicht gehört, und meint plötzlich mit lauter, fröhlicher Stimme:

»Jetzt kommt dieses Plakat von der Wand runter! Ich habe diesen Strand nun wirklich zur Genüge gesehen! Wenn du morgen wieder auf bist, können wir uns etwas anderes aussuchen gehen.«

»Was ist los, Papa? Was ist los? Jedesmal, wenn du von diesem Bild redest, habe ich das Gefühl, daß sich irgend etwas in mir krümmt. Nur ganz kurz, aber es ist sehr schmerzhaft. Ich habe immer Angst, daß dies mich weit weg von hier, weit weg von euch bringen könnte . . .«

Unsere Freundin klammert sich fest an die Aura ihres Vaters. Sie versucht, mit seinen vielen Strahlungen zu verschmelzen, vielleicht in der Hoffnung, auf diese Weise diese Vibrationen zum Sprechen zu bringen und ein altes Geheimnis zu entreißen. Ein Gefühl voller Auflehnung und Revolte bestimmt ihr Handeln, und wir wissen, daß wir nichts dagegen unternehmen können, da es auf keine vernünftige Überlegung anspricht. Es ernährt sich von seiner eigenen Logik und hat somit eine ungeahnte Kraft. Eine Logik – darüber sind wir uns nun im klaren, die ein früheres Ereignis tief in die Kette der Atomkeime eingeprägt haben muß. Wieviel Zeit wird es nun brauchen, um ihre Mechanismen freizulegen, ihre Verbindungen zu lösen und schließlich ihre Federkraft zum entspannen?

Rebekkas Vater hat mittlerweile das Plakat abgenommen, zusammengerollt und in einer Ecke des Zimmers verstaut; unsere Freundin hat sich währenddessen langsam von ihrem Vater gelöst und sucht offenbar in sich selbst wie auch in unserem Blick neue Kraft.

»Das ist nicht schlimm«, meint sie schließlich und schmiegt sich dabei zum ersten Mal an unsere Arme, »eines Tages werde ich alles verstehen . . . Ich frage mich nur manchmal, ob ich mich nicht besser im Körper eines Jungen inkarniert hätte. Sicherlich aufgrund dieser Reaktionen, die ich nicht verstehe!«

»Du konntest also wählen, S . . .?«

»Zu einer bestimmten Zeit war dies möglich. Meine Freunde haben es mir ganz klar gesagt, aber es gibt in meiner Seele eine so weibliche Seite, daß ich nur so wählen konnte, wie ich es getan habe, wollte ich mir keine Gewalt antun. Und diese Gewalt, der der Körper der Seele gegenüber fähig ist, ist kein Ziel, zumindest nicht das meine. Manchmal muß man dies allerdings gegen seinen Willen akzeptieren, nur bin ich zu sehr Frau, um eine solche Möglichkeit in Einheit mit mir selbst leben zu können – oder etwa nicht?«

Unsere Antwort kann nichts anderes als ein Lächeln sein und dann ein Lachen, das ausreicht, die Züge ihres Gesichtes zu entspannen.

»Es ist wahr«, fährt sie fort, um sich noch ein bißchen mehr zu rechtfertigen, »eine Seele hat eine bestimmte Polarität, und sie kann nicht leicht, auch nicht nur vorübergehend, eine andere annehmen!«

»Hast du schon eine solche Geschlechtsveränderung erlebt?«

»Wir haben dies alle schon erlebt, und zwar gleich mehrmals. Dies entspricht auf einem Weltenplan einem Gesetz des Gleichgewichts und der Kompensation... Genauso wechseln wir auch unsere Rasse, selbst wenn eine bestimmte Rasse sozusagen unser Heimathafen ist.

Ich möchte euch ein wenig von meinem Fall erzählen: Ich weiß aufgrund meines inneren Nacherlebens, daß ich vor langer Zeit als Frau unter den nordischen Völkern gelebt habe und daß ich die männliche Natur ziemlich verachtete. Wie viele meiner damaligen Zeitgenossinnen mißbrauchte ich meine Macht in einer Gesellschaft, die auf matriarchalischen Gesetzen beruhte. Ich brauchte dann lange Zeit, um den wahren Sinn der Komplementarität zu verstehen ... und ich bin kein Einzelfall.«

»Und ganz sicher hat auch die Überlegung allein nicht ausgereicht, den Waagebalken ins Gleichgewicht zu bringen ...«

»Klar. Danach hat das Leben mich mehrmals aufgefordert, den Körper eines Mannes anzunehmen, damit ich so seine Reaktionen verstehen und mir auch von seiner Bedeutung eine richtige Vorstellung machen könne. Die erste dieser Erfahrungen wurde mir von den Lichtführern einfach auferlegt. Diese Wesen waren nur Vermittler des Weltengesetzes, aber meine Seele war blind in diesem Bereich, und ich lehnte diese Veränderung meines Seinszustandes ab. Und so kam es, daß ich während eines ganzen Lebens die schwierige Situation eines Homosexuellen leben mußte, da ich zwar einen männlichen Körper hatte, aber daneben ein Bewußtsein, das sich weigerte, eine männliche Verhaltensweise an den Tag zu legen.

Natürlich gehen nicht alle Inkarnationen dieser Art auf den gleichen Ursprung zurück, aber ich glaube, daß dieses Beispiel recht einleuchtend war.«

»Hängt das wahre Problem nicht stets mit diesem alten Begriff der ›Ablehnung‹ zusammen, den wir alle so gerne immner wieder hevorbringen?«

»Dies hat man mich in der Tat so gelehrt, und ich habe es auch an mir selbst erlebt. Die hartnäckige Ablehnung eines männlichen Körpers zwang mich dann nach diesem Leben, von dem ich gerade sprach, diese Erfahrung zu wiederholen. Diesmal hat mein Stolz gesiegt! Meine Sicht der Männer war noch dermaßen falsch und voller Vorurteile, daß ich mir zur Erleichterung meiner Inkarnation all das vorstellte, was meiner Meinung nach systematisch zum männlichen Geschlecht gehören muß. Ich möchte damit sagen, daß ich mir das Leben eines kleinen Landadeligen geschaffen habe, der die Frauen unterdrückte und oft verführte.

Wollt ihr nun wissen, wie ich diese Schwierigkeit gemeistert habe? Indem ich nach vielen Umwegen ein Leben der Entsagung in dem Harem eines Sultans akzeptierte. Anfangs handelte es sich um eine Strafe, die ich mir auferlegen wollte, und sicherlich hätte ich in diesem Leben nur Frustrationen und Demütigungen kennengelernt, hätten die Lichtführer nicht Begegnungen inszeniert, die mir halfen, in mir das Gefühl von Groll abzubauen.

Ich glaube heute, daß die wahre Entdeckung meines Ichs und der Schönheit des Lebens auf einen Zustand des Verstehens zurückgeht, der sich am Ende dieser Existenz in mir regte.

Dies ist also in Kurzform die einfache Geschichte einer ebenso einfachen Seele auf der Suche nach einem Gleichgewicht der Polaritäten. Was mich mit meinem Vater verbindet, um wieder in die Gegenwart zu kommen, steht allerdings auf einem anderen Blatt.

Wenn ich Türen schon nicht einschlagen will, so will ich sie auch nicht wieder schließen, was der Fall gewesen wäre, hätte ich einen männlichen Körper anzunehmen versucht. Irgend etwas in mir sagt mir dies zumindest.«

Im Schlafzimmer von Rebekkas Eltern hat sich mittlerweile alles ein bißchen organisiert. Die Mutter unserer Freundin, die Wangen noch leicht vom Fieber geröstet, trinkt in kleinen Schlucken etwas Suppe, während ihr Mann sich müde, aber zufrieden auf den Bettrand gesetzt hat. Mechanisch läßt er seinen Zeigefinger über eines der Motive der Bettdecke gleiten.

»Im Grunde bin ich sehr glücklich darüber, daß die Ultraschalluntersuchung ein Mädchen vorgesehen hat...«

»...und du meinst wirklich, die Ultraschalluntersuchung habe dies vorgesehen?«

Während ihre Eltern scherzen und sich zulächeln, hat Rebekka sich ein wenig von uns entfernt, um sich irgendwo im Zimmer in eine Ecke zu drücken, da, wo eine gewisse Qualität an Frieden und eine gewisse Reinheit an Licht aus der Tiefe zweier Auren am Entstehen sind.

Was bleibt uns anderes übrig, als uns zurückzuziehen?

Jenseits der Länder und des Ozeans warten zwei Körper auf unsere Rückkehr, um... von dieser siebten Stufe zu berichten...

KAPITEL VIII

Mai

Wir schweben inmitten einer Sphäre aus gelbem Licht... wir wurden in diese frische und sanfte Substanz angezogen durch den gleichen Schwung und das gleiche Vertrauen, die uns immer mit der vereinten, die nicht mehr Rebekka ist. Diese Atmosphäre ist eigenartig lebendig und vollkommen greifbar; sie vermittelt gleichzeitig den Eindruck eines geschlossenen Raumes, der von der Kraft, die sie hervorbringt, festgelegt ist, aber auch paradoxerweise den einer Unbegrenztheit oder zumindest den eines bis ins Unendliche ausdehnbaren Ortes.

Ströme laufen wie Wellen auf uns zu und bringen Wortfetzen und flüchtige Bilder zu uns; dieses Licht, diese Worte, diese Bilder haben alle für uns etwas Vertrautes an sich...

Wir sind offenbar »bei ihr zu Hause«, denn diese Materie um uns herum erinnert uns sehr an das Bild ihrer Gedanken. Wagen wir etwa zu behaupten, daß wir nach diesen Monaten intensiver Gemeinschaft fast instinktiv in der Lage sind, diese Struktur zu erkennen? »Sag mir, was du denkst, und ich sage dir...« Die Mentalsphäre eines Wesens, diese Art von Digitalabdruck seiner Seele, ist stets einmalig. Und wie ein Buch, das so viel erzählen kann!

»Seid ihr da?... Ich spüre euch so nah... Aber ich möchte euch nicht anschauen, wenn ihr erlaubt. Ich muß noch ein wenig hierbleiben... Ein wenig... Im Leib meiner Mutter. Ich möchte noch einmal die Zeit unterbrechen und den Fluß meiner Gedanken verlangsamen, um besser den Körper und die Erde zu besichtigen, die mich aufnehmen.«

Wir können ein inneres Lächeln nicht unterdrücken und hüllen uns in Schweigen vor diesem Tiegel, dessen Zugang uns ermöglicht wurde.

In diesem Meer aus Licht läßt sich nun ein Herzschlag vernehmen, gleichsam als Zeichen, daß eine neue Stufe in uns erreicht ist. Wir schließen daraus, daß unsere eigenen Vibrationen sich der Erde genähert haben. Bald spüren wir dies auch deutlicher, denn der sanfte Rhythmus eines Kreislaufs dringt in unser Wesen.

Etwas sagt uns, daß wir uns in der Gedankenaura unserer Freundin befinden und daß diese Aura auch die ihrer Mutter umschließt, um sie mit ihrem Frieden zu bedecken. Nicht ein Wille drückt sich hiermit aus, sondern eine Notwendigkeit der Leere, der auch wir uns ein paar Augenblicke hingeben. Und plötzlich ertönt wie ein Glöckchen die Stimme von S..., während um uns herum die Helligkeit in friedlichen Bewegungen zu tanzen beginnt.

»Ich zwinge mich immer mehr, an diesem Ort zu leben«, meinte sie. »Mein Körper ähnelt jeden Tag mehr einer Wohnung, in der ich mich bewegen kann. Einige Zimmer sind mir noch unbekannt, aber ihre Türen öffnen sich nach und nach. Am wenigsten bewohne ich die langen Gänge meiner Beine und meiner Füße...«

»S..., kannst du uns bitte sagen...«

»Ja, ich wollte euch sagen, daß ich euch jetzt sehe, oder richtiger, daß ich eure Konturen ahne, genauso wie ich die Gestalt von Mama sehe. Ihr seid in mir, ihr alle seid in mir, ebenso wie diese Welt, die ich versuchen werde zu lieben.

Ich weiß dies erst seit kurzem... Ich will damit sagen... daß ich verstanden habe, daß meine Form von Liebe und Seelenfrieden die Schwingung meiner Subtilkörper so ausweiten kann, daß diese den Körper meiner Mutter umschließen... und manchmal sogar den derjenigen, die ich liebe. Deswegen seid ihr auch alle in diesem Augenblick in mir, zumindest jedenfalls in dem Kraftfeld, das mein Geist und mein Herz zusammen erzeugen können.

Ich weiß, was ihr denkt... Nein, ich bin nichts Außergewöhnliches. Aber ich weiß jetzt, daß die Seele, die sich inkarnieren will, im achten Monat nach der Empfängnis die Möglichkeit hat, einen weiteren Schleier beiseite zu schieben, um so mehr in sich selbst wiedergeboren zu werden, indem sie sich ihres eigenen Reichtums bewußt wird. Ich weiß auch, daß ich lediglich meine Aura über die meiner Mutter breiten muß, um mit ihr anders und konsequenter als im Traum sprechen zu können.

Was meine Mama also Eindruck oder Intuition nennt, ist im Grunde nichts anderes als Kommunikation...«

»Aber gilt dies für uns alle, für jede Familie?«

»Die Möglichkeit dazu hat jeder. Die Umsetzung hängt dann von der Öffnung des Herzens und der Klarheit des Bewußtseins ab.

Somit hat das Gefühl der Einheit, das die Mutter und, wenn auch – leider – viel seltener, der Vater mit dem Kind, das auf die Welt kommen will, empfinden, nicht nur rein biologische Gründe. Es ist vielmehr auch die Folge des Ineinandergreifens der Auren und dabei insbesondere der Mentalauren. Wenn in diesem Augenblick Mama auf physischer Ebene mit meinem Körper schwanger geht, so fühle auch ich mich mit einem Teil von ihr schwanger ... denn es handelt sich dabei um meine eigene Energie, die in ihr fließt.

Man muß also ein gewisses Gleichgewicht zunächst herstellen und dann bewahren, und zwar noch einige Jahre über die Geburt hinaus, da Rückwirkungen auf den Stoffwechsel von Mutter und Kind durchaus möglich sind.«

»Ist es schwierig für dich, mit uns von all dem zu sprechen? Wir verstehen sehr wohl, daß du etwas Ruhe und Frieden brauchst, um jeden Augenblick des Hier und Jetzt voll genießen zu können.«

»Ich möchte ganz ehrlich sein: Es ist nicht immer leicht für mich, euch all diese Informationen zu geben. Aber ich habe auch nie vergessen, daß ich versprochen habe, denen etwas mitzuteilen, die das Licht des Lebens erblicken werden, und zwar anders als ein Wissenschaftler, der nur chemische und elektrische Reaktionen aufzählt ... Und außerdem seid ihr mir eine Hilfe, auch wenn euch dies nicht bewußt ist. Diese Arbeit wirkt auf mich mit der Kraft einer Sonne, die mich zwingt, stärker und schneller zu reifen. Ihr bearbeitet mich, indem ihr mich dazu bringt, mich sozusagen meinen eigenen Proteststürmen und der geringsten meiner Metamorphosen zu stellen.

Was mir allerdings am meisten hilft, ist zweifellos diese Notwendigkeit, mich wie ein Erwachsener auszudrücken. Seit der Zeitbegriff dieser Welt begonnen hat, ganz stark seine Spur in meinem Wesen zu hinterlassen, d.h. ab dem sechsten Monat, flößt die Enge meines Körpers mir Ideen ein, die mich manchmal in Aufruhr versetzen und auf jeden Fall in mir Wutausbrüche auslösen.

Ihr müßt folgendes verstehen: Je mehr mein Körper an Gewicht zunimmt, desto länger verweile ich darin und desto mehr fühle ich mich eingeengt in Phasen geistiger ... Betäubung oder eher intellektueller Faulheit. Ohne diese Aufgabe, die ich dank euch habe, würde die Erdanziehung mich, gegen meinen Willen noch vegetativer werden lassen. Ich weiß, daß dies ein allgemeines Gesetz ist, das mit der Schwingungsfrequenz des Planeten zusammenhängt, ich weiß aber auch, daß dieses Phänomen nicht unabwendbar ist.

Ich habe sehr wohl verstanden, daß das Erwachen sich erarbeiten läßt. Und ich wäre froh, wenn alle Eltern sich dessen bewußt werden könnten, damit ihre Haltung während und nach der Schwangerschaft sich ein wenig ändere ...«

»In welcher Beziehung sollte sie sich denn ändern?«

Unsere Freundin läßt sich mit der Antwort Zeit. Wir spüren in ihr ein wenig Hemmung, ein wenig Belustigung, aber vor allem den Wunsch, sich klar auszudrücken, gut verstanden zu werden.

»Man sollte... Man sollte endlich damit aufhören, die, die sich inkarnieren, wie Kinder zu behandeln! Man sollte sie ansprechen mit Worten, die auch Worte sind, mit Sätzen, die auch wie Sätze klingen, mit einer gewissen Begeisterung, ohne daß diese zum Versuch ausartet, die Persönlichkeit des Neugeborenen in Besitz zu nehmen! Ich möchte damit sagen, daß es sich um Erwachsene handelt, die sich bei anderen Erwachsenen inkarnieren, und daß die Eltern endlich aufhören sollen, sich in einer verformten und verkümmerten Sprache an sie zum wenden.

Tun sie dies nicht, so stopfen sie deren Bewußtsein mit Schlafmitteln voll. Ich will keineswegs behaupten, daß wir alles über die Erdenwelt wissen, wenn wir im Leib unserer Mutter sind oder wenn diese uns zum ersten Mal in ihre Arme nimmt. Ich will euch nur klarmachen, daß wir viel mehr beobachten und verstehen, als man glaubt, und daß man uns nicht zu einer regressiven Entwicklung zwingen soll, indem man uns den ganzen Tag die Ohren vollplappert... Wir brauchen Zärtlichkeit... aber ein Körnchen Intelligenz sollte dabei nicht fehlen! Wir dürsten nach Liebe und nach Milch, verlangen aber auch danach zu wachsen.

Bevor ich mich zu einer Inkarnation entschloß, sah ich Bilder von Eltern, die mit ihrem künftigen Kind von Metaphysik sprachen, während andere dem Neugeborenen lange wissenschaftliche Vorträge hielten. Natürlich wünschen wir nicht so extreme und auf gewisse Weise auch naive Haltungen. Ich wünsche nur, daß meine Eltern, und damit auch alle Eltern, ihre Kinder mit einfachen Worten und Ideen ansprechen, die aber einen Sinn haben. Ist dies nicht der Fall, so werden die Gedankenformen der Unordnung und der kindischen Art, die von ihnen ausgehen, diejenigen des Neugeborenen, das sie in ihren Armen halten, ersticken ...

Ist es wirklich so schwierig, hier die goldene Mitte zu finden? Bei unserer Geburt auf Erden brauchen wir weder ein gleißendes Licht noch eine beruhigende Dunkelheit.

Die aus der Mentalebene der Eltern hervorgehenden Gedankenformen ersetzen leicht die des Säuglings, dessen Aura noch wenig Abwehrkräfte hat. Und dann wirken sie entweder wie ein Ferment und ein Friedensbringer oder wie ein Bleideckel und ein Element, das die Strukturen auflöst. Es kommt leider sehr oft vor, daß die Eltern die Mentalschwingung ihres Kindes von Anfang an unterdrücken, weil sie in ihm keineswegs eine Persönlichkeit sehen, die es zu leiten und zu respektieren gilt, sondern vielmehr etwas, das man nach Belieben formen kann, da es ihnen ja vollkommen gehört. Meine Freunde haben mich gelehrt, daß gewisse Verzögerungen beim Öffnen des Kehlkopfzentrums sich damit erklären lassen und daß eine solch irrige Haltung das Verankern der Subtilkörper am physischen Körper beeinträchtige. Ihr müßt doch zugeben, daß dies alles nichts Außergewöhnliches verlangt, sondern lediglich eine ganz einfache Logik, wozu jeder gesunde Menschenverstand fähig ist.«

S ... versinkt erneut in ein Schweigen, das wir als

Notwendigkeit verspüren. Dies ist für sie wie ein Schwall frischer Luft, von dem der Taucher träumt, wenn er ohne Sauerstoffflasche taucht. Zumindest haben wir dies im Kontakt mit ihr so empfunden und auch aus ihrer Stimme herausgehört, die gegen Ende deutliche Zeichen von Anstrengung zeigte.

Inmitten unseres Meeres aus gelbem Licht erreicht uns nun nur noch das Geräusch eines regelmäßigen Herzschlages, das unser Bewußtsein stets an die Realität einer physischen Welt erinnert. Es ist eine Art Anhaltspunkt, den wir nicht missen möchten. Sofort hat S... dies erfaßt und meint leise ...

»Was ihr da hört, ist in der Tat mein Herz. Die Verbindungen zwischen den verschiedenen Ebenen des Fötus sind so fließend, daß man sie als eine Gesamtheit ansehen kann. Erst mit der Geburt beginnt alles sich zu trennen, abzuschirmen, abzuteilen ...«

»Erlebt man ein solches Abtrennen nicht wie eine Begrenzung oder gar wie eine Regression?« Das Licht, das uns umgibt, durchzieht sich plötzlich für einen kurzen Moment mit Streifen von undefinierbarer Farbe.

»Eigentlich müßte ich euch zustimmen ... denn so empfinde ich es. Und doch weiß ich, daß in Wirklichkeit die Antwort nur ›nein‹ sein kann. Es gibt keinen Rückschritt! Die relative Abkapselung, die sich bei der Geburt zwischen den verschiedenen Körpern abzeichnet, muß vielmehr als ein Sicherheitssystem angesehen werden, das verhindern soll, daß die verschiedenen Wahrnehmungen und die allgemeine Sensibilität des Wesens zu offen sind. Und der gesamte Lebensweg und das Erlernen der Weisheit sind im Grunde nichts anderes als der Versuch, nach und nach, in voller Harmonie, diesen Strom zwischen den verschiedenen Lebensebenen wiederherzustellen.

Ich empfinde dieses Leben aus meiner Sicht des neuen Körpers, der mir gegeben wurde, mehr denn je als eine Folge von Verlusten... oder eher wie eine Annäherung an den Begriff des Verlustes. Verlust von allem, was nicht wirklich mit uns zu tun hat. Aufgeben der Ängste, Abbröckeln der verbotenen Zonen, Abnehmen der Maske...«

»Du sprichst von Angst... überkommt sie dich noch manchmal, wo dein Körper nun bereit ist, einen ersten Schrei auszustoßen?«

»Würde ich keine Angst mehr empfinden, dann könnte ich ohne Probleme von diesem ein wenig kalten Flur meiner Beine Besitz ergreifen. Wer stets Angst vor einer Verankerung in seinem Fleisch hat, wird diesen Teil seines Körpers nur mit Mühe bewohnen. Versteht ihr jetzt auch gewisse Kreislaufprobleme?

Wir sind alle wahre Meister in der Kunst der Selbst-Zensur und des Selbst-Erstickens geworden.«

»Und doch warst du sehr glücklich, ein neues Kleid, eine neue Identität zu wählen.«

»Ich bin es immer noch... Meine Angst hängt damit zusammen, daß ich glaube, nicht der Zielvorstellung gewachsen zu sein, die mein verteufeltes Ego sich vorgegeben hat. Aber ich habe ja noch vier Wochen, um auch dies in den Griff zu bekommen! Später wird diese Angst schwieriger zu beseitigen sein.«

»Um dies in den Griff zu bekommen, sicherlich nicht... eher um dies zu verlieren!«

Statt einer Antwort bricht S... in ein lautes, kindliches Lachen aus.

»Ich habe einen kleinen Monat Zeit, mein großes ›Ich‹ zu entschärfen!« fügt sie im gleichen Freudenschwall hinzu, während ein großer, rosafarbener Strahlenkranz eine kurzlebige Arabeske in dem Licht um uns beschreibt.

»Ihr könnt euch nicht vorstellen, welche Samen wir in uns einsäen, während unser Körper sich ausprägt!

Seht einmal... meine letzte Existenz auf Erden ging mit einer plötzlichen Leberkrankheit zu Ende. Während meiner letzten Lebenswoche nährte ich in mir eine wahre Verzweiflung über das Fehlen eines passenden Arzneimittels. Und vor nicht allzu langer Zeit habe ich dies wiedererlebt, obwohl ich es bereits vergessen glaubte. Der Atomkeim meines Emotionalkörpers war die treibende Kraft einer solchen Reminiszenz, die sicherlich ausgelöst wurde durch eine Art übertriebener Gewissenserforschung, die ich mir auferlegt hatte. Indem ich in mir die Angst vor einer Leberschwäche wieder erwachen ließ, habe ich damit das Erscheinen eines kleinen Flecks in der Lebergegend auf meinem physischen Körper ermöglicht.

Ich habe keine Ahnung, ob dieser Fleck bleiben oder ob er im Gegenteil schnell wieder verschwinden wird, aber ich weiß, daß er von einem bestimmten ›Loslassen‹ und von einem Vertrauen abhängt, das ich vor allem während der ersten Zeit entwickeln muß. Ich erkläre euch dieses Phänomen, da es einen sehr geläufigen Mechanismus darstellt und das Vorhandensein von bestimmten Zeichen erklärt, die bei der Geburt auf der Haut eines Kindes auftauchen.«

»Uns wundert ein bißchen, daß du in diesem Zusammenhang von Loslassen sprichst. Kann man von einem Säugling ein ›Loslassen‹ erwarten? Kann er seine Ängste und Beklemmungen überwinden?«

»Er kann diese ohne Schwierigkeiten, denn – so sagte man mir – in den meisten Fällen bleiben Reste von sehr genauen Erinnerungen mindestens noch einige Monate in ihm. Die Eltern spielen dabei eine besonders wichtige Rolle, und zwar nicht nur aufgrund des Inhalts dessen, was sie ihm sagen, sondern auch und vor allem wegen der Echtheit der Liebe, die sie ausstrahlen. Die Liebe, und damit meine ich die wahre Liebe und nicht diese Art von affektivem Feilschen, das man mit dem gleichen Namen aufputzt, sieht das Neugeborene stets in Form von ganz speziellen, rosaroten Flammen, die manchmal von einem orangefarbenen Schein umgeben sind.

Man kann einem Neugeborenen nichts vormachen! Es versteht nicht die Worte – was nicht ausschließt, daß es einige davon in der Aura seiner Eltern aufgenommen hat –, dagegen aber die feinsten Schwingungen von allem, was es umgibt.«

Während unsere Freundin uns dies alles mit einer besonderen Aufmerksamkeit darlegt, beginnt die Wolke aus gelbem Licht, in die wir getaucht sind, eine allmähliche Metamorphose. Wir befinden uns in dieser Wolke wie inmitten eines leichten Nebels, den der Wind vertreibt;

wir sind nicht in der Lage, unsere Bewußtseinskörper räumlich genau zuzuordnen noch ihn an irgendeinen Anhaltspunkt zu verankern. Wir müssen uns damit zufriedengeben, daß wir sind, während um uns alles in Bewegung ist und ein geheimes Leben sich in diesem Raum entwickelt ...

Eine Kraft zieht uns leicht nach hinten ... und dann wird alles weiß uund warm wie in einem weichen Nest.

»Dies ist das Nest meiner Seele«, flüstert eine kindliche Stimme. »Von nun an verlasse ich diesen Ort nur noch, um zu Mama zu gehen.«

In einem kurzen Abstand vor uns sitzt ein ganz kleines, nacktes Mädchen auf dem ›Boden seines Kokons‹. Seine Augen kommen uns unwahrscheinlich groß vor, und sie schauen uns mit einer fast verwirrenden Intensität an.

»Bis du S ...?«

Eine blöde Frage, aber wir konnten sie nicht zurückhalten, und das kleine Wesen antwortet darauf mit einem schönen Lächeln.

Wir haben keine Ahnung, wie lange wir uns so angeschaut haben, aber wir wissen, wie sehr dieser stumme Kontakt uns rührt. Wir haben keinen Namen für die Kraft, die in diesem Wesen wohnt, sie ist jedoch eine Wirklichkeit, denn sie spricht von Licht und Einverständnis.

»Wie kann man die Schleuse durchqueren, ohne dabei Überflüssiges abzulegen?« flüstert der kleine Körper mit einem Anflug von Scherz. »Es gibt keinen großen Unterschied zwischen der alten Frau, die sich zum

Sterben anschickt, und dem kleinen Mädchen, das sich auf seine Geburt vorbereitet...

Alter, Jugend... je mehr ich auf die Erde komme, desto weniger weiß ich, was diese Begriffe bedeuten! Und ich kann euch versichern, daß es allen Neugeborenen ähnlich ergeht. Eine eigenartige Mischung aus Hoffnung und Frustration, aus Bedauern, Freuden und aus einer Menge Ungeduld.

Wenn sich manchmal mein Körper im Bauch meiner Mutter unwillkürlich aufrichtet unter dem Einfluß der Elemente, die ihre Fusion beenden, habe ich bisweilen Lust, die Tür aufzustoßen. Ich habe dann komischerweise Verlangen danach, erneut etwas anderes zu atmen als nur das Licht. Und in diesen Momenten gibt es in mir etwas wie einen inneren Hauch, der mir zuflüstert: ›Nein, nein‹. Ich weiß, daß ich darüber hinweggehen und meine Geburt einleiten könnte, da wir bis zum Ende unseren freien Willen besitzen, nur wäre meine Entscheidung nicht gerecht, es sei denn, es gäbe wirklich zwingende Gründe dafür.

»Willst du damit sagen, S..., daß du bereits den genauen Tag und die genaue Stunde deines Kommens kennst...?

»Natürlich, aber dies ist nichts Besonderes. Wir haben alle diese Möglichkeit, sobald wir uns anschicken, geboren zu werden, es sei denn, jemand erlebt diesen Prozeß ganz unbewußt. Sehr hohe Wesen leiten uns und entscheiden über all dies, denn, von einigen starken Intuitionen abgesehen, haben wir kein ausreichend großes Sichtfeld, um selbst die beste Entscheidung zu treffen.

Unsere Freundin sprach diese Sätze mit einer kaum verborgenen Nostalgie, während wir uns weiterhin in die unendliche Klarheit ihres Blicks versenken. Um ehrlich zu sein, uns ist es im Augenblick lieber, uns vollkommen diesem Blick hinzugeben und so das gleichsam formlose All um uns zu vergessen, denn unser Gefühl S ... gegenüber ist von nun an etwas seltsam, basiert es doch auf diesem unglaublichen Gegensatz zwischen diesem kleinen, schmächtigen, äußerlich so zerbrechlichen Körper und einem dermaßen reifen Denken.

Und ihr Blick ist eben ein Zeugnis dieser Reife ihrer Seele und dieser Entfaltung ihres Herzens, und deswegen suchen wir auch keinen anderen Horizont als ihn.

»Und wer sind diese sehr hohen Wesen, die du gerade erwähntest?«

»Ich habe sie nur ein einziges Mal gesehen ... ganz am Anfang, als ich von meiner erneuten Inkarnation erfuhr. Sie sind anders als meine Freunde, die mich auf dem Weg zur Erde zurückgeleitet haben. Würde ich sie euch beschreiben, so würden eure Leser sicherlich in Lachen ausbrechen! Ich müßte Begriffe gebrauchen, die sie unweigerlich in die Nähe der Wesen rückt, die man auf Erden als Engel beschreibt! Es sind auch Engel, wenn ihr so wollt, nur bediene ich mich lieber eines weniger kindischen und vor allem weniger ›einengenden‹ Vokabulars. Sagen wir mal so: Ihr Körper ist reines Licht, und ihr Verhalten ist das unserer großen Geschwister ... denn ihre Seele ist offener als unsere und näher an der Sonne!

Diejenigen, denen ich begegnet bin, haben kein einziges Wort mit mir gesprochen, aber die Welle der Liebe, die sie mir entgegenbrachten, hat in meinem Bewußtsein eine Art sehr genauer, innerer Uhr geschaffen, die ich in voller Bescheidenheit respektieren muß.

Ich weiß, daß ich unter dem gleichen Sternzeichen geboren werde, unter dem ich gestorben bin. Und dies gilt für alle unter uns, geht es doch darum, daß die ›Geschichte‹ fortgesetzt wird, auch wenn wir von einem Kapitel zum anderen die Rollen vertauschen. Vielleicht kann ich euch noch bezüglich dieser sehr hohen Wesen sagen, daß sie nicht aus der Welt der Seelen kommen ... oder aber von deren äußerster Grenze in Richtung Sonne hin.

Was diese Wesen mir in einem winzigen Augenblick geschenkt haben, hinterläßt in mir etwas Herzstechen. Dies hat nichts mit Traurigkeit zu tun, keineswegs! Eher mit Freude, mit dieser mehr als unklaren Freude, ein wenig den Duft eines Horizonts wiedergefunden zu haben, den ich schon seit jeher kenne, aber nicht zu bestimmen in der Lage bin.«

Die Augen unserer kleinen Freundin strahlen, und wir verstehen, daß sie über etwas sprechen möchte, das geduldig auf diesen Augenblick wartete ...

»Ich weiß nicht, wie ich es euch sagen soll. Ich möchte erneut auf den Begriff Gott eingehen, dessen heutige Bedeutung bei den Menschen mir angst bereitet. Man hat aus ihm eine Waffe für Sektierertum und Fanatismus gemacht und einen Vorwand, um Schranken errichten zu können. Natürlich – und es stört mich keineswegs, dies laut und deutlich zu sagen – natürlich glaube ich an Gott, aber gewiß nicht an diesen menschenähnlichen, begrenzten und begrenzenden Gott, wie ihn die meisten Erdbewohner sich vorstellen. Der Gott, dem ich mich in dieser Welt, aus der ich komme, nähern konnte, hat nichts an sich, das sich durch ein Wort oder gar einen Satz beschreiben läßt. Er ist eine unglaubliche und tief bewegende Liebesenergie, die sich durch die kleinste Existenz im Weltall manifestieren kann. Er ist gleichzeitig wie ein Bewußtsein, das alles prägt und in welchem wir geboren werden und wachsen. Schließlich ist er, und dies spüre ich tief in meinem Innersten, vollkommen untrennbar von uns allen. Um ihn weiterhin in allen und in allem zu sehen, möchte ich ihm keinen Namen geben. Ihr könnt dies Deismus oder Pantheismus nennen, aber dies ist ohne jede Bedeutung an sich, denn es handelt sich um eine Sehweise, die Glücksgefühle in meinem Herzen wachruft ... und ist Glück nicht das Ziel eines jeden Lebens?

Dies ist also meine Auffassung ... und die derjenigen, die meine Freunde in der Welt, aus der ich komme, waren und bleiben; daneben gibt es natürlich noch andere Lebenssphären, wo ein solches Konzept wesentlich enger gesehen wird. Ihr müßt verstehen, daß niemals in diesen sogenannten immateriellen Welten ein Führer eine bestimmte Auffassung von Gott aufzwingt. So ist zum Beispiel Atheismus erlaubt, da er als eine unvermeidlich und manchmal auch unentbehrliche Etappe auf dem Weg zur Bewußtseinsfindung angesehen wird. Was ihr ›Tod‹ nennt, schiebt nicht mit einem Windstoß alle Vorhänge beiseite ... Jeder macht Fortschritte nach seinem eigenen

Rhythmus, entsprechend seinem Mut und seiner Willensfreiheit. Eine Seele, die sich in der Materie inkarniert, kann von sich aus den Weg des Atheismus wählen... vielleicht, um damit einen umgekehrten Exzeß aus einem früheren Leben auszugleichen. Eine Seele muß oft extreme Positionen ausprobieren, bevor sie ihr Gleichgewicht findet. Es gibt so viele Möglichkeiten wie Seelen, allerdings wäre es ungerecht, von einer mehr oder minder großen Reife einer Seele zu sprechen, nur weil sie gläubig oder ungläubig ist. Entscheidend ist die Klarheit ihres Herzens, und nicht etwa die Philosophie oder die Religiosität, die sie bekundet.

Eine meiner sehr guten Freundinnen inkarniert sich im Augenblick auf der Erde. Sie kommt mit dem Willen, jede Idee von Gott abzulehnen. Während einer gewissen Zeit muß sie diese Weltsicht ausprobieren, denn während eines früheren Lebens konnte sie keine Meinungen akzeptieren, die das Leben unter einem anderen Blickwinkel sahen als sie selbst. Sie muß also jetzt ihre eigene Intoleranz bekämpfen!«

»Weißt du vielleicht, ob bestimmte Seelen sich mit einem festen Willen zu religiösem Fanatismus oder ähnlichem inkarnieren?«

»Ich habe gelernt, daß man sich nie mit einem festen Willen zu religiösem Fanatismus inkarniert. Die Wesen, die dies erleben, erleiden ihre Triebe und ihr Unverständnis, aber sie... programmieren sie nicht. Wißt ihr, man hat mir den Fanatismus als ein Ausbrechen des Ego erklärt, weil dieses Ich Angst vor dem Unbekannten habe und weil es keine Fähigkeit besitze, dieses zu erfassen.

Es ist im Grunde das Ergebnis der pervertierten Auffassung von einem Ideal, welches wie ein absoluter Verankerungspunkt dieses Ego gegenüber seinem eigenen Bedürfnis nach Sicherheit erlebt wird ...«

Die Stimme unserer Freundin unterbricht hier plötzlich ihre Erklärungen. Die schmale Gestalt des kleinen Mädchens ist jetzt wieder ganz in unser Blickfeld geraten. Es scheint so, als habe etwas seine Aufmerksamkeit erweckt und als zwinge dieses Etwas sie zu einer Rückkehr in sich selbst. Wir sehen nun, wie sich sein Rücken mit einer unglaublichen Langsamkeit und Feinfühligkeit krümmt und wie seine Stirn sich seinen Knien nähert, die auf dem milchigen ›Boden‹ ruhen. Aus der Tiefe dieser fast fötalen Haltung beschwört S ... nun in uns Bilder von azurfarbigen Spiralen, die den Eindruck erwecken, als wollten sie uns aufsaugen.

»Sie rufen mich«, flüstert sie endlich ... »Sie denken beide an mich, ganz tief in ihrem Herzen ... Es ist genauso, als ob sie mich rufen würden. Ihre vereinten Seelen bilden diese Spiralen, die in meinen Mentalraum dringen. Schaut mal her, wie sie mich einhüllen und mich einladen, ihnen zu folgen. Auf diese Art und Weise suggerieren Eltern dem Wesen, das sie erwarten, eine Tür oder zeigen einen Weg.

Dieser Augenblick erinnert mich an den Moment, in dem meine Eltern mich physisch zeugten. Ich wußte damals noch viele Dinge nicht, von denen ich mit euch sprach, aber ich erinnere mich genau, daß ein heller Lichtstrahl wie ein Blitz auf mich zukam, der so fest, so greifbar, so breit war, daß ich in mir die Lust verspürte, mich darauf zu stürzen, als sei es die schönste Treppe der Welt.«

»Ist dies immer so, wenn ein Kind gewünscht oder zumindest in einem Anflug von echter Liebe gezeugt wird?«

»Ja, unbedingt ... Aber nicht die Tatsache, daß es erwünscht ist, erklärt die Schönheit des Weges, der sich vor ihm auftut, sondern lediglich die Reinheit der Liebe. Dies ist der wahre Schlüssel, der überall paßt!«

Die azurfarbenen Spiralen werden immer dichter um uns, und wir haben nun unsererseits das Bedürfnis nach Stille. Der Körper unserer Freundin hat sich noch mehr zusammengekrümmt und erweckt den Eindruck des Schlafens; wir wissen jedoch, daß dies nicht so ist und daß ihr Bewußtsein sich vielmehr in einem Zustand totalen Wachseins befindet.

Und plötzlich vor uns das flüchtige Bild eines Sandstrandes, das sich mit Gewalt in unser Denken mischen will.

Gleichzeitig spüren wir, wie der kleine Körper vor uns zusammenzuckt. Er befindet sich nun zwei Schritte von unseren Lichtkörpern entfernt, seine Augen sind aufgerissener denn je. Seine seltsame Klarheit zeichnet eine Spur bis zu unserem Herzen ... Er zögert zwischen Lachen und Weinen.

»Ich muß euch etwas sagen ...«

S ... Lippen bewegen sich nicht, aber ihre Worte ertönen in uns, bewohnen uns und vermitteln mehr denn je ihren Inhalt.

»Ich muß euch noch etwas sagen ... ich muß euch

noch von diesem Strand erzählen, und dann ist alles in mir entwirrt. Ich kann mich nicht inkarnieren, ohne diese Erinnerung mit jemandem zu teilen. Eine sehr, sehr alte Kiste, die ich leeren muß.

Es ist noch nicht lange her, daß ich diese Erinnerungskiste wiedergefunden habe. Offenbar hatte ich sie gut versteckt. Nicht etwa auf dem Speicher, sondern im dunkelsten der Keller, da, wo man nicht gerne hingeht, weil man seinen Ängsten, seinen Schatten begegnen kann.

Ich habe diesen Schritt unmittelbar nach unserer letzten Begegnung vollzogen. Die Geste meines Vaters, der ein Foto von der Wand nahm, war der auslösende Faktor, den ich unbewußt erwartet hatte. Als ich dann sah, mit welcher Gewalt seine Geste in mir widerhallte, hatte ich das plötzliche Gefühl, eine Klappe unter meinen Füßen zu spüren. Ich bückte mich, machte sie auf und tauchte hinunter in den Boden, in meinen eigenen Boden. Und ich verstand, daß dies nur eine Frage der Bescheidenheit war!

Ganz tief unten in mir, weit hinten in meiner Erinnerung... tauchte ein Strand auf, warme Wellen, die über den Sand liefen. Ich spürte die Sonne auf meiner Haut und den Geschmack von Salz auf meinen Lippen. Eine leichte Brise fuhr durch meine Haare und über mein schwarzes Kleid. Meine Augen taten mir weh, und ich machte mich über einen Mann in einer kurzen, scharlachroten Tunika lustig. Er stand vor mir mit seiner traurigen und müden Miene, seine Arme hingen schlaff an seinem Körper herunter.

Ich weiß nicht, warum ich mich über ihn lustig machte, aber dies dauerte eine ganze Weile. Plötzlich sah ich, wie sein Blick sich verdunkelte und dann explodierte; er warf sich auf mich, und wir fielen alle beide ins Wasser... Wellen bedeckten mich, und ich schmeckte ihren Schaum. Und dann geschah das Schreckliche: Der Mann versuchte, mich zu vergewaltigen, und ich leistete mit allen meinen Kräften Widerstand. Schließlich konnte ich mich losmachen, trunken vor Freiheit floh ich über den Strand... und dann drehte ich mich im Laufen um und sah die Silhouette des Mannes – seine Stirn hatte er gegen den Boden gepreßt, und er weinte... Heute ist dieser Mann mein Vater. Mein Papa! Dieser Mann, dessen Liebe, in einem anderen Leben, erklärtes Ziel meines Spottes war.

Nachdem ich all dies erneut erlebt hatte, glaubte ich zunächst, nicht mehr die Kraft zu dieser neuen Inkarnation zu haben. So schrecklich deutlich schien alles in meinen Zellen eingeprägt! Und dann plötzlich, nachdem die Bilder erloschen waren und ich mich wieder im Bewußtsein des Hier und Jetzt befand, war auch diese Angst verschwunden mit der Schnelligkeit eines auffliegenden Vogelschwarms. Ich habe sozusagen mein Gepäck abgestellt, das eine Mischung aus Schuldgefühl und Verbitterung war, und ihr könnt euch vorstellen, wie intensiv ein Glücksgefühl war. Es überwältigte mich dermaßen, daß in meinem Herzen nur noch ein Wort zählte: verzeihen! Verzeihen mir selbst gegenüber, verzeihen aber auch diesem Mann gegenüber, der von diesem Augenblick an vollkommen mein Vater wurde.«

»Glaubst du, daß du dieses Bewußtsein bekommen hast, um alle diese Dinge in deinem künftigen Leben gut in deiner Erinnerung speichern zu können?«

S... lächelt ganz seelenruhig und hebt die Augen in unsere Richtung, wobei sie versucht, uns in ihre Arme zu drücken.

»Nein, natürlich nicht... und dies ist auch besser so. Diese Bürde, die ich los wurde, ist so etwas wie ein Geschenk, das ich mir zum Abschluß meines Loslassens gönnte. Es sei denn..., Gott hat mir dieses Geschenk gemacht!

Sobald in einigen Wochen mein Körper die festere Erde berühren wird, wird sich ein Schleier über diese Erinnerung legen, und ich werde gleichzeitig verlernen, wer ich bin und woher ich komme. Ich werde nur noch ein kleines Mädchen sein, das seinen Vater bewundern kann, wie es will... und dieser Wille ist um so freier, weil zuvor ein schweres Gewicht von der Seele genommen wurde.

Daß ich auf diese Art und Weise den Duft des Verzeihens in mich aufnehmen konnte, genieße ich in jedem Augenblick als meine Form von Glück. Ich möchte, daß mein Beispiel zeigt, daß es für uns stets Türen zu öffnen gibt, und dies unabhängig von unserem persönlichen Evolutionsgrad.«

»Aber vielleicht bist du eine Ausnahme? Oder kann man sagen, daß diese Art von Reminiszenz häufig während der Fötalphase vorkommt?«

»Nach dem, was ich verstanden habe, bin ich keine Ausnahme, aber man kann auch nicht behaupten, daß dies sehr häufig vorkommt. Es handelt sich einfach um einen ›Zwischenfall‹, der zu einem Zeitpunkt der Existenz vorkommen kann – oder auch nicht.

Ich fürchte lediglich, daß mein Vater einige Mühe haben wird, mir gegenüber die richtige Haltung zu finden. Man hat mir bereits angedeutet – und seit dem ersten Tag habe ich dies auch gespürt –, daß er ständig zwischen übertriebener Strenge und zu großer Nachgiebigkeit hin und her schwanken wird. Nur habe ich mittlerweile den Grund verstanden und liebe ihn deswegen noch mehr.«

»Aber glaubst du, daß du in dir dieses Gefühl von Verzeihen und Lieben auch während der unzähligen Verwicklungen bewahren kannst, die das Leben uns so beschert?«

»Nicht das Leben verursacht die Verwicklungen, sondern wir selbst mit unserer Verbitterung und unserem Egoismus. Ich habe volles Vertrauen in die Art und Weise, wie ich Papa ansehen werde, denn ich habe die Gewalt und Aggressivität, die ich ihm gegenüber noch empfinden konnte, an ihrer Wurzel entschärft. Und deswegen konnte ich auch vor nicht allzulanger Zeit in voller innerer Freiheit in einen seiner Träume mich schleichen und mich lange mit ihm unterhalten ... nicht über diese Dinge, von denen ich sprach, aber über die Richtung, die mein Leben nehmen soll. Und als er wach wurde, erinnerte er sich an nichts mehr außer an einen irren Traum, in welchem er schwanger war. Er lachte darüber, und ich spürte, daß er glücklich war.«

Die Umklammerung unserer Freundin hat sich nun

gelockert, und ihre Lider haben sich nach und nach über ihre blauen Augen gesenkt. Vor uns bleibt nur noch ein ganz kleines Kind, das sich in sich selbst zusammenzurollen versucht, um nach und nach seine Anwesenheit verblassen zu lassen.

Auf seiner sich so verändernden Mentalebene empfinden wir uns nunmehr als Fremde, als Besucher und Pilger in ständig neuer Bewunderung vor einem Lebensweg, der sich in jedem Augenblick ein Stückchen mehr manifestiert.

Fast unmerklich ist das Gefühl, in seinem Lichtkokon zu sein, verschwunden, und bald dringt zu uns ein unbekanntes Rascheln von hohen Gräsern und von Bäumen.

... Abenddämmerung. Unter unserem Bewußtseinskörper erkennen wir ein Paar, das sich auf dem Boden ausgestreckt hat, nicht weit von einem großen Wagen, der nachlässig am Straßenrand abgestellt ist. Der Mann und die Frau, die Eltern unserer Freundin, diskutieren leise. An diesem schönen Frühlingsabend ist alles Frieden und Ruhe, die Natur, die Vögel, der Himmel ... nur ein seltsames und feinstoffliches Ballett erweckt das Interesse unserer beiden Seelen, die so wißbegierig sind. Die bläuliche Auragestalt eines Neugeborenen versucht, sich in die rosa Aura des Paares zu drängen.

Wir erkennen nach einigen wenigen Sekunden die Astralform von S ... Spielerisch und amüsiert versucht sie, mit ihren so kleinen Fingern, die uns wie Lichtstrahlen vorkommen, die vielfarbigen Lichtströme zu erhaschen, die so harmonisch aus ihren Eltern aufsteigen. Wir glauben das magische und mysteriöse Spiel einer

Harfenistin zu sehen, deren Finger zwischen den Saiten und Tönen ihres Instruments hin und her huschen. Noch etwas Geduld ...

So, jetzt ist es geschafft ... Wie der Wind, der sich unter die Blätter des Baumes mischt, wurde das kleine Kind nun eins mit der Lichtschwingung seiner Eltern. Wie ein Schlafwandler findet es darin seinen Weg, den nur es allein kennt. Aber unsere Augen versuchen, mehr zu verstehen ... Sie suchen und unterscheiden schließlich feine, perlmutterfarbene Ströme, an denen das Kind entlanggleitet.

Irgend etwas in uns sagt uns, daß das Kind auf der Suche nach einer Tür, nach einem Zugang zu noch mehr Liebe und zu noch mehr Zuspruch ist.

Die junge Frau, die nun schon seit so vielen Monaten seine Mutter ist, scheint dieses Suchen ebenfalls zu spüren, denn sie richtet sich instinktiv auf und legt ihre offene Hand auf ihren Leib. In diesem Augenblick entfaltet sich ein Lichtstrahl auf Nierenhöhe; er erinnert an einen Kegel aus lebender Materie, der sich in ihren Körper bohrt. Es handelt sich um den Wirbel eines Plexus, der atmet und nach Leben ruft; es ist ein Flüstern von Seelenruhe ...

In der Stille ihrer Seele hat S ... dieses Flüstern vernommen. Mit einer unwahrscheinlichen Anmut und Sanftheit beginnt ihr fast durchscheinendes, kleines Wesen sich damit zu verschmelzen ... und verschwindet.

KAPITEL IX

Juni

Vor wenigen Augenblicken waren wir noch fest in unseren physischen Körpern verankert... Und plötzlich mußte alles ganz schnell gehen! Kein Schrei, kein Name von irgendwo weit her, auch kein Verlangen... nur eine Art von innerer Gewißheit, die keinen Einspruch erlaubte. Dies war der Tag und die Stunde, darüber gab es keinen Zweifel.

Wir sind, ohne jeden Widerstand, der Schnur gefolgt, die den Körper unseres Bewußtseins jenseits des Ozeans geleitet. Jetzt sind wir dort, bereit zu allem oder bereit zu nichts, stehen vor der Stufe zu dem, das immer mehr einer wirklichen Initiation gleicht.

Ein großes Gebäude ist aufgetaucht und sofort wieder verschwunden, indem es uns aufsog.

Wir sind nun im Herzen dieses Ortes, der uns so angezogen hat; um uns herum Geräusche von Instrumenten aus Metall und von Türen, die sich unaufhörlich öffnen und schließen. Alles ist weiß, blau und malvenfarben.

Unter uns erblicken wir breite Gänge und kleine Räume voller Rollwagen.

Uns interessiert aber nur eine Frage: Wo ist sie? Wo ist S...?

Männer und Frauen bewegen sich in allen Richtungen; die einen tragen weiße oder zartgrüne Kittel, andere sind in Anzügen, und ihre Mienen sind voller Lächeln, Fragen, Abwesenheit...

Plötzlich zieht uns ein etwas größerer Raum an; er ist ein wenig leer, auch ein wenig kalt. Wir erkennen drei Personen, die um einen Tisch herumstehen, auf dem eine Gestalt sich abzeichnet. Ohne zu zögern erkennen wir die Mutter unserer Freundin.

Offenbar geben die drei Personen ihr gute Ratschläge, allerdings können wir sie kaum vernehmen. Unsere Seele oder eher das Ohr unseres Herzens ist ganz der jungen Frau zugewandt, die nun versucht, etwas regelmäßiger zu atmen. Können wir ihr ein wenig Kraft, ein wenig Frieden bringen...?

Wir haben keine Zeit, uns lange Fragen zu stellen... Ein sehr bleicher und sehr tiefer Blick hat den ihren überlagert, während ihre Augen die Deckenbeleuchtung studieren. S... ist nun da und schaut uns an, als besäßen wir den Schlüssel zu einem rätselhaften Schatz. Ihr ganzes Gesicht taucht jetzt in unserem Sichtfeld auf. Ihr Gesicht...

Das kleine Mädchen, das sich uns noch vor knapp zwei Wochen anvertraute, gehört bereits lange zur Vergangenheit. Seine Züge sind heute die eines Neugeborenen, vergleichbar mit einer Blütenknospe, die jeden Augenblick aufspringen kann; keine Spur einer Falte, selbst keine Spur eines Geschlechtsmerkmals...

S... lächelt uns zu mit ihren großen hellen Augen, die so voller Fragen sind. Wir wissen nun, daß sie bis zum Ende unsere Komplizin bleiben wird...

»Oh!« meint sie nur in einer Art Seufzer, der ihr Antlitz anders beleuchtet. Und wir haben Lust, ihr ebenso einfach zu antworten:

»Es wurde allmählich Zeit! Oder glaubst du, daß wir dich nicht hören konnten?«

S... seufzte erneut, und wir haben den Eindruck, als wolle sie sich einer Spannung entledigen, die ihr Gesichtsausdruck nicht verrät. Und nach einer langen Stille findet endlich ein Schwall von Worten seinen Weg von ihrem zu unserem Herzen...

»Da seid ihr ja... ich schaffte es nicht mehr, euch zu rufen. Schon seit vierundzwanzig Stunden komme ich nicht mehr aus dem Lichtumfeld meiner Mama heraus. Ich bin mit den Lichtströmungen verankert, die aus ihrem Leib aufsteigen, und ich habe den Eindruck, als sei meine Energie in sie aufgesaugt. Ich bin angezogen von einem Wirbelsturm, vom Auge eines Zyklons...

Helft mir, denn meine Befürchtungen scheinen wahr zu werden. Es gibt Augenblicke, wo ich meine, jede Identität zu verlieren. Die Gedanken meiner Mama mischen sich mit meinen, ihre Fragestellungen werden meine, und ich weiß überhaupt nicht mehr, wer ich bin. Ist sie glücklich, weine ich vor Freude, ist ihr kalt, lerne ich wieder zu zittern.«

Instinktiv und intuitiv konnten unsere Finger eine kleine Hand ergreifen, dann eine Schulter und schließlich eine Hüfte, die sich fast fieberhaft hin- und herbewegte.

»Nicht ich bin es, die sich so bewegt«, meint S... mit fast zögernder Stimme. »Sie ist es, oder vielmehr mein

Körper. Alle meine Zellen und alle meine Organe sind intelligent und haben das Wissen der Elemente! Alle Mineralien der Schöpfung leben und denken bereits darin!«

Wir wollen natürlich nun alles von ihr wissen und fragen sie, wobei wir den engen Kontakt zu ihrem kleinen Körper aufrechterhalten: »S..., S..., sind es also auch diese Kräfte, die die Niederkunft auslösen?«

»Nein, ganz und gar nicht... Sie lösen zwar die ersten Wehen aus, weiten auch Mamas Körper und geben ihm eine andere Form, sie bringen mich dazu, mal kräftig hier in meinem Nest zu strampeln; sie sind ein Motor, dem ich mich nicht widersetzen kann. Aber für die Geburt, nein... Ich, nur ich komme auf die Welt, aus freiem Willen, und zwar genau dann, wenn ich spüre, daß ein Licht mich ruft. Das Licht eines Sternes...«

»Eines Planeten?«

»Vielleicht. Sicherlich... aber ich weiß nicht, welcher. Ich weiß nur, daß ich ihn wiedererkennen werde. Man hat seine Musik dermaßen tief in meine Seele geprägt!«

»Man?«

»Die hohen Lichtwesen... wer denn sonst! Und seit diesem Zeitpunkt, der nun genau einundzwanzig Erdentage zurückliegt, bin ich nicht mehr ganz dieselbe. Meine Empfindsamkeit ist anders geworden. Wie soll ich euch das klarmachen? Der Körper meiner Seele scheint in einer anderen Harmonie zu schwingen. Ich habe den Eindruck, als habe ein großer, himmlischer Klavierstimmer an mir einen Eingriff vorgenommen.«

242

Kaum hat S... ihren Satz beendet, spüren wir plötzlich in uns einen Schauder, der uns an einen elektrischen Schlag erinnert. Auch unsere Freundin scheint ihn gespürt zu haben, denn ihre Lider haben sich geschlossen, und ihre Stirn hat sich in Falten gelegt.

In dieser mehr denn je zusammengekrümmten Lage bleibt sie einige Zeit, während ihr Körper von heftigen Zuckungen gepackt wird.

Sollen wir mit ihr reden oder braucht sie im Gegenteil Ruhe, um sich in sich selbst zurückziehen zu können? Dumme Frage, wissen wir doch, daß nicht der geringste unserer Gedanken ihr entgeht...

»Sprecht mit mir, ja, redet mit mir... ich brauche das Gespräch. Mama spricht nicht mit mir, obwohl ich so gerne etwas von ihr hören würde... sie denkt nur an die Wehen der Entbindung!«

»Du müßtest diesen Schmerz doch verstehen...«

»O ja, ich verstehe ihn sehr wohl, denn ich empfinde ihn auch dermaßen stark... Wenn sie nur wüßte!«

»Wenn sie was wüßte, S...?«

»Wenn sie nur wüßte, daß ein Gespräch mit mir und damit eine stärkere Konzentration auf mich ihre Schmerzen wesentlich lindern könnte! Meine Lichtform bleibt noch auf der Ebene, die ihr Mentalebene nennt. Wir sind beide so nah, daß sie sich nur mir zuzuwenden braucht, um die Spannungen abzubauen, die ihr so viele Schmerzen bereiten. Denn dann gäbe es plötzlich eine Brücke zwischen uns, die sehr schnell ihre Schmerzen auslöschen könnte. Sobald man Angst hat, versucht man sich zu schützen und verliert so seine Fähigkeit des

Gebens... aber ihr müßt verstehen, daß das Geben die Quelle von Entspannung, Hoffnung und Licht ist!«

»Willst du damit sagen, S... daß das Leiden deiner Mutter nur psychischen Ursprungs ist?«

Ganz langsam öffnet S... ihre Lider und verzieht die Nase zu einer lustigen Grimasse. Ihre Stimme klingt friedvoller als zuvor, die Stille zwischen den Worten ist größer als sonst.

»Nein... ich habe mich vielleicht schlecht ausgedrückt. Der Körper und seine Komponenten sind natürlich die eigentlichen Schmerzquellen, nur wird die Psyche im Laufe der Tage, und manchmal sogar der Monate, zu einem regelrechten Verstärker. Eine Frau, die gebärt oder gebären wird, polarisiert sich so oft auf sich selbst und auf ihren Körper, daß sie in ihrem Wesen den Begriff des Schmerzes sozusagen kristallisiert. Sie überfüllt ihn mit ihren Ängsten, ihren Zweifeln und macht ihn so unendlich bedeutender und vorhandener, als er eigentlich sein dürfte. Man hat ihr so sehr beigebracht, daß Leiden einfach dazugehört...!«

»Sie schafft also selbst vor der Geburt die Gedankenformen des Leidens?«

»Genau den Begriff suchte ich! Die verschiedenen Verwirklichungsgrade ihrer Seele bedingen und programmieren den Gedanken an die Notwendigkeit des Leidens bis in den tiefsten Winkel ihre Körpers. Seht, für mich ist dies genau dasselbe! Seit wir im Gespräch und in Liebe diese wenigen Augenblicke zusammen verbringen, ist meine Furcht vollkommen verschwunden, und ich fühle mich der Angst meiner Mama gegenüber stärker.

Unser aller Krankheit ist der Egoismus! Wir ersticken alle in einem Reflex zum Selbstschutz, statt uns dem Vertrauen und dem Leben zu öffnen! Sobald wir einer Schwierigkeit gegenüberstehen, rollen wir uns wie ein Igel zusammen und konzentrieren uns auf unser kleines Ich, verstehen aber überhaupt nicht, daß wir damit dem Ungleichgewicht Tür und Tor öffnen. Und die Stacheln des Igels stechen uns ins eigene Fleisch!«

Erneut erscheinen uns die Augen von S... wie zwei helle Perlen. Sie lassen nicht mehr von uns ab, und auch wir blicken sie unablässig an, denn sie drücken Dinge aus, die einfach Worte unmöglich wiedergeben können.

»Und was war dieser lange Schauder, der uns vor ein paar Sekunden durchlief?«

»Nichts Besonderes, meine Mutter hatte nur plötzlich Angst. Ich bin froh, daß ihr diesen Strom auch empfunden habt, zeigt es euch doch, wie sehr eine Mutter und ihr Kind kommunizierende Röhren sind. Dies zeigt euch aber auch, in welchem Maße eine zukünftige Mutter, die innerlich in Frieden sein will, diesen Samen auf das Wesen übertragen kann, das sie gebären wird.«

In unserem Innern oder irgendwo in der Unendlichkeit, wir wissen es nicht genau, ertönt ein Schrei. Sofort erscheinen wieder die Falten auf der Stirn von S..., während der Körper sich erneut zusammenkrümmt.

»Das ist die Erde«, flüstert sie in uns. »Die Erde ist bereits so nahe. Mama... willst du mich nicht hören? Ich weiß noch nicht, wann diese Musik erklingen wird, die mir die Kraft geben wird, die Pforte aufzustoßen!

Hörst du sie schon? Wenn du mit mir sprichst, werde ich dich es ahnen lassen, und du wirst mir dann helfen!«

Ein tiefes und angenehmes Schweigen umhüllt uns drei wie Dunst, und in seinem Innern haben wir das Gefühl, nur noch eine Person zu sein. Woher kommt es? Vielleicht von unserer Freundin selbst? Vielleicht von einer plötzlichen und schönen Einheit mit ihrer Mutter...

Auf dem Bildschirm unserer Seele beginnen formlose Bilder wie Wellen in den Farben neuer Emotionen vorbeizuziehen. Dann tauchen Blitze auf, Gesichter, Lachen und Weinen. Explosionen wechseln mit Himmeln, die sich öffnen, Massen, die sich ansammeln und wieder auseinandergehen, Wesen, die sich lachend umarmen. All dies läuft mit einer unglaublichen Geschwindigkeit über den Schirm, als handele es sich um das Werk eines Filmemachers mit überschäumender Vorstellungskraft und mit unkontrollierbarem Willen.

Sind dies etwa Fetzen einer wahrscheinlichen Zukunft?

S... antwortet nicht. Wahrscheinlich lebt sie weiterhin im Geheimnis einiger der Szenen, die wir verlassen haben.

Erneut ertönt das metallische Klirren, und dann dringt eine sanfte, aber bestimmte Stimme an unser Ohr. Schließlich scheinen nur noch eine gedämpfte Musik und eine abgehackte Atmung in dem Raum widerzuhallen. Für einen Augenblick haben wir das Gefühl zu fallen ... und schon entdecken die Augen unserer Seele den Kreißsaal.

Die Mutter unserer Freundin ist hier allein mit einer Frau; der Tisch, auf dem sie liegt, scheint mit ein oder zwei Apparaten verbunden zu sein.

Wenn auch der Kontakt mit S ... vorübergehend unterbrochen ist, so wollen wir doch in diesem Raum bleiben, um für jeden Fall bereit zu sein. Aber tief in unserem Innern verlangt etwas von uns, uns zu bewegen, ein wenig näher zu gehen, eine Mauer, einen Gang, eine Tür zu durchschreiten ...

Wie ein Blitz hat unser Bewußtsein diesen Willen aufgegriffen, und wir werden in einen Raum mit kleinen, schwarzen Ledersesseln versetzt. Abseits von drei Personen, die laut miteinander plaudern, ein Mann, wir erkennen in ihm den Vater von S ..., der von einer erstaunlichen Aura innerer Ruhe umhüllt ist. Unfreiwillig nähern wir uns ihm; sein Wesen ist frei von jedem Denken, auf der Schwelle einer ganz neuen Realität, bereit zu allem! Als wir ihn so anschauen, überkommt uns eine plötzliche Freude; wir hätten Lust, ihn bei den Schultern zu packen und ihm all das zu erzählen, was wir seit neun Monaten erlebt haben. Wie können wir ihm erklären, daß auch wir ein Gefühl von Verwandlung empfinden, so, als seien wir für etwas verantwortlich bei dieser Geburt, die er erwartet?

Aber seit einigen Augenblicken beherrschen wir unsere Bewegungen nicht mehr. Es gibt in uns einen Willen, der genau weiß, was zu tun ist und wohin wir zu gehen haben. Erneut erfaßt uns ein Wirbel und trägt uns wieder genau dorthin, wo wir eben herkamen. In einem hellen Lichtstrahl stehen wir S ... gegenüber.

Alles geschieht so schnell, daß unser Zeitempfinden nur aus Blasen zu bestehen scheint, die nacheinander explodieren.

Der kleine Körper unserer Freundin scheint unsere Rückkehr nicht sofort bemerkt zu haben, ihre Lider sind halb geschlossen. Wir spüren, daß jetzt ihr Leben immer weniger an unserer Seite ist und daß sie an ein anderes Ufer des Universums gleitet.

Vielleicht sollten wir jetzt verstehen, daß wir Störenfriede sind, daß unsere Aufgabe erfüllt ist und daß alles nunmehr seinen Weg gehen wird, ohne daß unsererseits etwas hinzuzufügen wäre . . .

»Nein . . . ich möchte euch noch so viele Dinge sagen . . . bevor wir uns trennen. Ich möchte euch erzählen, wie seltsam die Dinge sind, die ich bis zu meinem letzten Atem des Bewußtseins erlebe. Ihr müßt wissen, wie sehr das Wesen, das aus dem Bauch seiner Mutter kommt, sich vorstellt, tief in einen See zu sinken oder sich in einem riesigen Spinnennetz zu verfangen. Ihr sollt auch wissen, wie wichtig es ist, dieses Wesen bei seinem Namen zu rufen. Genauso wie tausend Techniken öffnet dies die Tür und erleichtert das Gewicht der Ketten.«

»Hast du so sehr den Eindruck, in ein Gefängnis zu kommen?« »Nun . . . für mich selbst ist dieser Eindruck schwächer als früher, aber ich weiß, daß viele, die bewußt wieder auf die Erde zurückkommen, mit diesem Eindruck geboren werden, der noch sehr lange anhält.

Seit meine Mutter die ersten Zeichen meiner Ankunft verspürt hat, schnürt sich mir manchmal die Kehle zu wegen Dingen, die ich wie Krankheitssymptome erlebe.

Tag für Tag wird meine Erinnerung unklarer; schon ganze Kapitel meines Lebens im Licht sind irgendwo tief in mir verschwunden. Namen und Gesichter sind zum anderen Ufer der Galaxie entflohen. Manchmal habe ich das Gefühl, daß da etwas Schreckliches passiert, daß ich wie ein Computer bin, den man nach und nach abklemmt. Und dann steigt wieder Hoffnung auf, wenn ich Mamas Herz schlagen höre, wenn ich den Ton ihrer Stimme erhasche oder wenn ich sehe, wie Papa die Tür meines Zimmers streicht. Dies alles für mich ...

Ihr wißt, daß ich mir alles einprägen will, und ich möchte auch, daß ihr euch alles einprägt, damit so ein breiter Weg gezogen werden kann, der weder ganz gerade noch voll von Dogmen ist, diesen hybriden Kindern einer neuen Psychologie und einer unklaren Spiritualität. Ein breiter Weg, eine große Straße, wunderbar angepaßt an das Bild des menschlichen Geistes, der so herrlich reich an Liebe und an Vertrauen ist. Ein Weg, auf dem man miteinander sprechen kann, ohne sich Geschichten zu erzählen, eine Straße, bei der man weiß, daß es nicht sechsunddreißigtausend Leben gibt, sondern nur eine Existenz, die alle die so verschiedenen Landschaften durchquert. Uns fehlen heute vor allem die Brücken, und deswegen möchte ich auch meine volle Kraft bewahren, denn so zahlreich sind diejenigen, die Angst vor der Geburt haben.

Vielleicht werdet ihr jetzt lachen ... aber in diesem Augenblick, während meine Mutter trotz aller Technologien Schmerzen erleidet, gibt es eine blöde Wirklichkeit, die mehr denn je meine Seele erstarren läßt: Es handelt sich dabei um dieses ganze Arsenal an Fläschchen und an Schnullern, an mit Molton gefütterten Windeln und an besonders zubereitetem Brei. Für mich ist es revoltierend zu wissen, daß bald meine einzige Freiheit des Handelns sich auf die meiner Verdauungsorgane reduziert!

Muß man so tief fallen, um endlich aufzusteigen?

Ich stelle euch diese Frage, aber ihr wißt ja ganz genau, daß ich die Antwort kenne. Also bitte, seht in den Tränen eines kleinen Kindes den Widerschein dieser Dualität, an der sich seine Seele so oft stößt. Wenn ihr wüßtet, welch seltsame Mischung aus Dämmerzustand und Hellsichtigkeit ihr in euren Armen haltet... Ich bitte mein tiefstes Wesen darum, diesen inneren Kampf soweit wie möglich zu verwischen...

Wenn man eine so lange Zeit Licht in sich aufgenommen hat, ist man schwer zu überzeugen, daß man nun seinen Brei hinunterschlucken muß...

Wenn alles unklar wird und man spürt, daß man willenlos dahintreibt, dann wird die Wärme der Lichter, die vom Körper der Eltern ausgehen, zum einzigen, absoluten Anhaltspunkt, zur Rettungsboje...

Ich werde niemals mehr Rebekka sein, und ich bin noch nicht S..., wie ich manchmal in letzter Zeit bereits glaubte. Vorhin, als ich auf euch wartete, sagte ich mir: »...und wenn ich jetzt umkehren würde, wenn ich einfach aufhören würde zu atmen!« Sucht einmal selbst in euren tiefsten Tiefen, ob ihr nicht ähnliches erlebt habt, diese Form von Rebellion, von halber Erpressung gegenüber dem Leben?

Deswegen muß man tief in seinem Herzen die Seele

eines Kindes streicheln, wenn dieses das Tor zur Welt aufstoßen will, denn es ist wie ein altes Wesen, das sich beim Hinscheiden noch an die Überreste seiner Lebensmaske klammert...«

S... unterbricht hier den Fluß ihrer Worte, während ihr kleiner Körper sich noch mehr in sich zusammenzieht. In der nunmehr herrschenden Stille dringen lediglich einige geflüsterte Worte bruchstückhaft bis zu uns.

»Sie leidet nicht... ich weiß nicht, welche Substanz gespritzt... ich fühle ihr Kribbeln...«

Innerhalb weniger Augenblicke ist es uns klar, daß der Kontakt zu S... uns vollkommen entglitten ist. Und in der Tat haben wir den Eindruck, als lösten sich ihre Hände in unseren Handflächen auf.

Eine plötzliche Lust, sie beim Namen zu rufen, oder zumindest ihr etwas zu sagen, überkommt uns blitzartig, aber nein... das Gefühl, an einem heiligen Ort zu sein, überkommt uns mit aller Gewalt. Wir brauchen nichts anderes als Schweigen, dieses wahre Schweigen, diese Art von goldenem Dasein, in welchem sich alles abspielt und alles möglich wird.

Die Zeit verstreicht, und die Minuten vergehen friedlich. Um unsere Körper, die nicht mehr wissen, wo sie sind, ist nichts mehr als eine weiße, schwindelerregende Klarheit von einmaliger Perlmutterfarbe. Manchmal scheinen Schatten, ungenaue Umrisse sie zu durchqueren, um irgendein geheimes Ritual zu vollziehen, bevor sie sich schließlich auflösen.

Ab und zu steigt das Klirren von Instrumenten erneut aus dem Kreißsaal zu uns auf... und dann wird alles wieder weiß, so weiß, daß man nichts anderes mehr ertragen kann.

Plötzlich erreicht uns eine Art Schrei. Oder war es nicht nur das tiefe und lebendige Klingen eines Gongs ... Unmöglich, eine genaue Antwort zu finden! Dieser Ton breitet sich in uns aus und löst etwas wie ein Zerreißen aus, das den Lichtschleier hochwirbelt. Alles öffnet sich vor uns, und wir werden von dem Saal erfaßt, wo nun das Mysterium sein Ende nimmt.

Wie sollen wir die Szene beschreiben, die sich den Augen unserer Seele darbietet? Der Tisch ist stets der gleiche, die Wände sind immer noch ein bißchen kahl, die gleiche junge Frau liegt immer noch auf dem Tisch, und die gleichen Personen sind immer noch um sie herum ... aber es gibt noch so vieles mehr! Hinter ihnen stehen gleichsam wie stumme Wächter zwei hohe Lichtwesen voller Sanftheit und Einfachheit. Allerdings interessiert sie wenig, was auf dem Tisch geschieht. Ihre Gesichter sind vielmehr auf einen anderen Punkt des Zimmers gerichtet, der sich etwas höher, über der jungen Frau befindet, genau da, wo diese auch ihre weitaufgerissenen Augen festheftet, da, wo der kleine Lichtkörper von S ... wartet, umgeben von einem bläulichen Schein.

Vollkommen in sich selbst gekrümmt, die Stirn voller Falten, scheint dieser Körper einen so festen Schlaf zu haben, daß er den tiefsten Frieden ausstrahlt. Von diesem kleinen Körper geht eine Aura von lebendigem und knisterndem Licht aus, sie schwebt und pendelt in alle Richtungen wie angezogen von einigen unsichtbaren Wellen ... die Silberschnur!

»S..., kannst du uns hören?« möchten wir gerne in die Luft rufen. »Laß los, es ist schön da, wohin du kommst. Es ist schön in den Herzen, und nur das zählt.«

Der kleine Bewußtseinkörper unserer Freundin hat sich nicht bewegt, aber die beiden hohen Lichtwesen haben mit einer langsamen und unwahrscheinlich genauen Bewegung ihre Arme in ihre Richtung ausgestreckt. Sie haben ihn gestreichelt wie ein Bildhauer, der eine Form zähmen will, und dann haben sie unter ihm das Band des grellen Lichts erfaßt. Die zusammengekrümmte kleine Gestalt ist aufgeschreckt; sie streckt sich und versucht, sich um ihre eigene Achse zu drehen. In einer inneren Stille haben die beiden Lichtwesen eine geduldige und zarte Massage an dieser Art von Nabelschnur vorgenommen, die weiterhin unter ihrem kleinen Körper schwebt. Sie ziehen daran und spielen mit ihrer Fluidität, was sie offenbar noch zu dynamisieren scheint. Und plötzlich ergreifen sie ihr Endstück, das wie Dampf auseinanderfließt, und tauchen es genau unter den Nabel in den Leib der jungen Frau. An dieser Stelle vollführen ihre Hände sodann eine Art Tanz, wobei jede Geste studiert ist...

Gegenüber so viel Zartgefühl, so viel Wissen und so viel Liebe haben sich unsere beiden Seelen in eine Ecke des Raumes zurückgezogen; sie sind zu glücklich über diese Gunst, die ihnen zuteil wurde, daß sie auf keinen Fall die Anmut des Augenblicks stören wollen.

Wer sind diese Wesen, die hier tätig sind, die die Seele am Körper verankern für die Zeit eines Lebens, einer Erfahrung? Die Antwort hat für uns in dieser magischen Stunde keine Bedeutung. Die überwältigende Liebe, die von hier ausgeht, der Hauch des Unendlichen sind mehr als eine Antwort!

Aus unserer Erinnerung steigen Worte derjenigen auf, die einst Rebekka war, und kommen uns ohne unser Zutun in den Sinn.

»Vielleicht werdet ihr sie sehen, vielleicht... Im Augenblick ihrer Geburt wird jede Seele von zwei Wesen voller Frieden unterstützt. Eines hat die Kraft der Sonne und das andere die Fluidität des Mondes. Ich weiß nicht, woher sie kommen, und niemand kann es mir sagen. Ich selbst nenne sie Engel, selbst wenn dies ein Lächeln hervorruft, denn man kann nicht verstehen, was sie alles bedeuten, wenn man sich ihnen nicht mindestens einmal genähert hat. Meine Freunde haben lediglich das Bestehen einer Welt erwähnt, wo das Licht klar ist wie ein Diamant; diese Welt ist ihre Heimat und ihre Quelle.

Die Rolle dieser Wesen besteht darin, das Bewußtsein zum genauen Zeitpunkt der Geburt am physischen Körper zu verankern. Es handelt sich um die Weisen der Silberschnur. Vielleicht werdet ihr sie sehen...!«

In der weißen Stille des Kreißsaals ertönt plötzlich ein schriller Schrei, dicht gefolgt von einem zweiten, einem dritten... Über dem Leib der jungen Frau, die mit zusammengeballten Fäusten immer noch ausgestreckt ist, erscheint ein unbeschreibliches Knistern von Lichtern in allen Regenbogenfarben. Es handelt sich um den erstaunlichsten Tanz von einer Million winziger Sterne, und dieser Tanz erinnert an eine Welt, die sich formt... eine wunderbare Symphonie, die unmöglich zu beschreiben ist!

Eine neue Folge von Schreien... und alles ist vorbei, oder eher, alles beginnt.

In den Händen eines Mannes in langem, strahlendweißem Kittel der zierliche Körper von S..., der soeben das Licht der Welt erblickt hat. Er wehrt sich und schreit aus Leibeskräften, seine Haut ist faltig wie altes Pergament. Schon legt man ihn auf den Leib seiner Mutter, zwei Worte, zwei Lächeln, ein Augenblick von Glück.

Dieser Moment gleicht Millionen, Milliarden anderer Augenblicke. Und doch ist er gezwungenermaßen einmalig, und jeder wünscht, daß er ewig dauere...

Schweigend und ganz allein in unserer Ecke suchen wir nun vergeblich nach den beiden Lichtwesen... Diesmal haben wir wirklich den Eindruck, daß unsere Rolle hier zu Ende ist. Was sollen wir auch noch hinzufügen können, außer einer rein mentalen und anachronistischen Überlegung? In diesem Augenblick darf nur das Herz sprechen.

Aber wie eine Pforte, die unter dem Druck eines Wirbelsturmes auffliegt, ertönt in uns eine Stimme:

»Wartet... nur ein bißchen...«

»S...? Bist du es immer noch?«

»Es ist so kalt... Alles ist so eisig! Und dann dieser Lärm um mich herum... Wo seid ihr? Ich spüre euch nicht mehr. Es gibt nur diesen großen Raum, diese Personen, die sich bewegen, und Mamas Leib, der zusammenzuckt... Ja, meine Augen sind noch geschlossen, aber ich sehe alles... Jetzt kommt Papa, er macht die Tür auf. Ich dachte nicht, daß er so groß sei! Alles ist hier so vergrößert, ich habe das Gefühl, in allen vier Ecken des

Raumes zu sein. Ich muß atmen, ich muß an jedes Einatmen denken, aber dies ist so schwer! Hört ihr mich?

Und heute morgen ... Zum ersten Mal fühle ich sie, ahne ich ihre Form. Sie schenkt mir Wärme ... Genau das brauche ich! Weiß sie es? Ich verstehe sie, ich glaube, ich verstehe alles ... Hoffentlich erinnere ich mich! Ich ersticke, und doch ist es wunderbar hier ... Ich möchte diese Liebe nicht verlieren!

Es ist so herrlich, auf die Erde wieder hinunterzugehen. Sagt es allen! Sagt es ganz laut! Aber wißt ihr ... ich glaube, ich weiß, daß in Wirklichkeit nie jemand hinuntersteigt. Ich erblicke eine Treppe, die man nur emporsteigen kann ... Also steigen wir immer nach oben! Und bitte, sagt dies allen! Und vergeßt es nicht!«

*S ... wurde am 17. Juni in einer
westamerikanischen Stadt geboren.
Sie ist ein quicklebendiges Mädchen mit brünetten
Haaren, das seinen Eltern bereits viele Fragen
stellt ...*

*Dieses Buch soll auf ihren Wunsch eine Hymne an
das Leben und eine Hilfe für alle diejenigen sein,
die das Leben in dieser Welt weitergeben.*